하늘에 계신 우리 아버지

Walter Kardinal Kasper
VATER UNSER
Die Revolution Jesu

© 2019 Patmos Verlag. Verlagsgruppe Patmos, in der Schwabenverlag AG, Ostfildern
All rights reserved.

Translated by Heo Chanwook
Korean translation copyright © 2023 by Benedict Press, Waegwan, Korea.
Korean translation rights arranged with Patmos Verlag. Verlagsgruppe Patmos, in der Schwabenverlag AG, Ostfildern, Germany

하늘에 계신 우리 아버지

2023년 3월 31일 교회 인가
2023년 6월 8일 초판 1쇄
2024년 2월 8일 초판 3쇄

지은이	발터 카스퍼
옮긴이	허찬욱
펴낸이	박현동
펴낸곳	성 베네딕도회 왜관수도원 ⓒ 분도출판사
찍은곳	분도인쇄소

등록	1962년 5월 7일 라15호
주소	04606 서울시 중구 장충단로 188 분도빌딩(분도출판사 편집부)
	39889 경북 칠곡군 왜관읍 관문로 61(분도인쇄소)
전화	02-2266-3605(분도출판사) · 054-970-2400(분도인쇄소)
팩스	02-2271-3605(분도출판사) · 054-971-0179(분도인쇄소)
홈페이지	www.bundobook.co.kr

ISBN   978-89-419-2309-1   03230

이 책의 한국어판 저작권은 Patmos Verlag와 독점 계약한 분도출판사에 있습니다.
저작권법에 의해 한국 내에서 보호를 받는 저작물이므로 무단 전재와 무단 복제를 금합니다.

이 책의 본문 종이는 FSC® 인증을 받은 친환경 용지를 사용했습니다.

하늘에 계신 우리 아버지

발터 카스퍼

Walter Kardinal Kasper

허찬욱 옮김

분도출판사

서문

많은 이가 기도를 어려워합니다. 그래도 주님의 기도는 모든 그리스도인에게 친숙합니다. 심지어 신자가 아니라도 주님의 기도는 알고 있습니다. 주님의 기도는 습관적으로 외우기만 해도 되는 기도가 아닙니다. 일상에서 익숙해진 우리의 생각을 뒤집어 놓는 기도입니다. 주님의 기도는 우리의 삶과 세계를 새로운 시각으로 보게 해 주고, 삶과 세상을 변하게 합니다. 흔들리는 우리를 붙들어 주고, 우리에게 희망을 줍니다.

저는 주님의 기도를 모든 사람이 쉽게 이해할 수 있도록 해설했습니다. 저는 독자들이 이 책을 읽고 주님의 기도뿐 아니라 그리스도교 신앙의 전체를 조망할 수 있기를 바랍니다. 이 책을 개인 묵상이나 영적 독서용으로 읽을 수도 있지만, 강론이나 강연 혹은 피정을 위해서도 사용할 수 있을 것입니다. 이 책을 단숨에 읽지는 마십시오. 이 책의 한 장이나 단락을 따로 떼어서 묵상하면서 읽기를 바랍니다. 이 책이 여러분을 진지한 묵상과 기도로 이끌길 바랍니다.

저에게 주님의 기도를 가르쳐 주신 모든 분께, 특히 부모님께 감사드립니다. 사목자들과 신학을 가르쳐 준 선생님들, 마지막으로 다양한 상황에서 다양한 언어로 저와 함께 기도한 모든 분께 감사드립니다. 제가 그분들께 배운 것을, 이 책으로 다른 분들께도 전하고 싶습니다.

발터 카스퍼 추기경

차례

서문 _____ 5

너희는 이렇게 기도하여라 _____ 9
하늘에 계신 우리 아버지 _____ 21
아버지의 이름이 거룩히 빛나시며 _____ 41
아버지의 나라가 오시며 _____ 61
아버지의 뜻이 하늘에서와 같이 땅에서도 이루어지소서 _____ 81
오늘 저희에게 일용할 양식을 주시고 _____ 95
저희에게 잘못한 이를 저희가 용서하오니,
저희 죄를 용서하시고 _____ 109
저희를 유혹에 빠지지 않게 하시고 악에서 구하소서 _____ 123
주님께 나라와 권능과 영광이 영원히 있나이다 _____ 137

역자 후기 _____ 142

너희는 이렇게 기도하여라

예수님의 제자들이 예수님께 청합니다. "주님, 저희에게도 기도하는 것을 가르쳐 주십시오"(루카 11,1). 오늘날 많은 이가 마음속으로 같은 청을 드립니다. 많은 사람들이 기도는 하고 싶지만, 어떻게 기도해야 하는지 알지 못합니다. 많은 신자들에게 개인 기도는 어렵습니다. 예수님은 사람들의 이런 어려움을 못 본 체하지 않으십니다. 예수님은 이렇게 말씀하십니다. "다른 민족들처럼 빈말을 되풀이하지 마시오. 그들은 말을 많이 해야 들어 주시는 줄로 생각합니다. 그러니 '여러분은 이렇게 기도하시오'"라는 말씀으로, 예수님은 당신 제자들에게 기도를 가르쳐 주십니다. 우리는 이 기도를 주님의 기도라고 부릅니다. 이 기도는 오늘날까지 그리스도교의 모든 기도 중에서 단연 가장 잘 알려진 기도입니다. 이 기도는 많은 말이나 거창한 몸짓을 요구하지 않습니다. 이 기도는 단 여섯 개의 청원으로 모든 주요 문제를 간결하게 요약합니다. 그리스도교의 기도와 그리스도교 신앙이 이 주님의 기도 안에 요약됩니다.

성경의 전승

신약성경에는 주님의 기도가 두 번 나옵니다. 우리에게 친숙한 긴 형태는 마태오 복음(6,9-13)에 나오고, 짧은 형태는 루카 복음(11,2-4)에 나옵니다. 초대교회의 문헌인 『열두 사도들의 가르침: 디다케』도 마태오 복음과 유사한 형태의 주님의 기도를 전합니다. 학자 대부분은 마태오 복음이 전하는 주님의 기도가 가장 오래된 본문이라고 확신합니다. 마태오 복음은 초기 유다계 그리스도교 공동체에서 나왔고, 루카 복음은 이방계 그리스도교 공동체에서 나왔습니다. 아마도 디다케는 시리아-팔레스티나 전통과 연관이 있을 것입니다.

모든 형태의 주님의 기도는 그리스어로 전해졌습니다. 하지만 예수님은 그리스어가 아니라, 아람어를 쓰셨습니다. 예수께서 제자들에게 가르치신 주님의 기도도 당연히 아람어였을 겁니다. 안타깝게도 예수님이 쓰신 원어, 이른바 '예수님의 육성'(ipsissima vox Jesu)을 우리는 알지 못합니다. 오늘날까지 예수의 언어를 보존하며 아람어로 주님의 기도를 바치는 소수의 아람인 공동체가 있긴 합니다만, 그들이 아람어로 바치는 주님의 기도가 이천 년 전 예수님이 가르치신 원래 기도와 일치하는지는 아무도 알 수 없습니다. 그들이 바치는 아람어 주님의 기도는 성경이 전하는 그리스어 기도를 아람어로 옮긴 것이기 때문입니다.

예수님이 직접 하신 아람어 기도와 우리가 두 복음서에서 전해 받은 그리스어 기도 사이에는 수십 년의 간극이 있습니다. 마태오 복음서와 루카 복음서는 예루살렘 성전이 파괴된 70년 이후에 집필된 것으로 보입니다. 이 수십 년 동안 주님의 기도는 여러 형태로 구전되었습니다. 우리가 아는 주님의 기도도 초대교회가 전해 준 형태입니다. 이미 초대교회 때부터 주님의 기도는 예수님의 거룩한 말씀으로 여겨졌습니다.

우리는 아람어를 그리스어로 번역하는 일을, 어느 날 한 학자가 책상에 앉아서 혼자 했을 거라고 생각해서는 안 됩니다. 당시 팔레스티나의 많은 사람이 두 언어를 사용했습니다. 마태오 복음을 쓴 유다인 그리스도교 공동체도 오랫

동안 아람어와 그리스어를 함께 사용했을 것입니다. 만약 아람어 기도와 그리스어 번역 사이에 중대한 차이가 있었다면, 공동체 안에서 두 언어를 사용하는 사람들이 그냥 넘어가지 않았을 것입니다. 우리는 마태오 복음에 나오는 그리스어 기도가 원래 아람어 원문에 매우 가깝다고 추정할 수 있습니다.

구약의 유다 전통과 그리스도교 전통

아람어 원문을 추적하는 것보다 더 중요한 것은 유다 전통과 주님의 기도의 유사성을 찾는 일입니다. 예수님은 유다교 기도 전통에서 친숙한 표현을 주님의 기도에 받아들이십니다. 주님의 기도를 이해하기 위해서는 구약의 유다 전통을 알아야 합니다. 유다인에게 가장 중요한 기도는 카디쉬*Kaddish* 기도였습니다. 예수님의 시대에도 잘 알려진 기도였고, 아마 예수님도 이 기도를 회당에서 직접 바치셨을 겁니다. 카디쉬 기도와 주님의 기도 사이에는 분명한 유사성이 있습니다. 주님의 기도의 각 청원은 사실 히브리 성경, 즉 우리의 구약성경에서 찾을 수 있습니다. 구약성경에는 그 청원들이 주님의 기도처럼 한데 모여 있지 않고, 여러 곳에 흩어져 있긴 하지만 말입니다. 그러므로 주님의 기도는 유다인들과 그리스도인들이 함께 바칠 수 있는 기도입니다.

그렇다고 주님의 기도를 구약-유다 전통의 지평 안에서만 해석해서는 안 됩니다. 예수님은 구약의 정신을 받아들이면서도 거기에 매이지 않고, 구약의 전통을 새롭게 해석하셨습니다. 사람들은 예수님이 권위 있게 전한 새로운 가르침에 놀랐습니다(마르 1,27; 마태 7,29). 예수님의 반대자들도 예수님의 가르침이 새롭다는 것을 금방 알아채고 예수님을 죽일 기회를 찾았습니다(마르 3,3). 주님의 기도에 스며든 구약의 유다 전통을 이해하는 것도 중요하지만, 하느님 나라가 가까이 왔다고 선포하시는 예수님의 고유한 가르침, 율법화된 유다교를 향한 예수님의 비판이라는 전체적인 맥락도 반드시 고려되어야 합니다.

성경에 나오는 모든 주님의 말씀이 그렇듯이, 주님의 기도도 초대 공동체의 전통, 즉 십자가 죽음과 부활 후에 생겨난 새로운 지평에서 우리에게 전해졌습니다. 우리는 주님의 기도를 초대 공동체가 드린 기도의 전체 맥락과 분리해서 생각할 수 없습니다. 우리는 신약이 전하는 복음의 전체적인 맥락에서 주님의 기도를 이해해야 합니다. 교부들은 주님의 기도를 복음의 요약으로 이해했고, 세례 준비를 위한 교리 교육에 이 기도를 사용했습니다. 주님의 기도는 성찬례 때도 바쳐집니다. 아주 오래전부터 교회는 우리가 지금 하는 것처럼 주님의 기도를 성찬례 때 바쳤습니다.

오늘날 혼자든 함께든 우리가 주님의 기도를 바칠 때, 우리는 이 오랜 전통 안에 속하게 됩니다. 수세기 동안 이어지는 기도의 거대한 흐름에 함께하는 것입니다. 우리는 주님의 기도를 바칠 때, 모든 시대의 순교자와 성인 그리고 개인적인 어려움 속에서 기도한 수많은 그리스도인과 함께합니다. 우리는 또한 모든 교회의 신자들과 함께 기도합니다. 그래서 주님의 기도는 교회 일치를 위한 기도이기도 합니다.

오늘 우리를 위한 기도

어떤 말도 그 말의 기원만 따져서는 안 됩니다. 모든 말은 미래를 향해 열려 있습니다. 모든 말은 그 말의 영향사影響史(Wirkungsgeschichte) 안에서 해석되고, 당대의 사람들에게 영향을 미칩니다. 영향사는 신약에서 시작하여, 교부들의 해석, 기도와 전례의 역사 그리고 다양한 교회의 신학 역사 안에서 계속됩니다. 예수님은 특정한 상황에서 주님의 기도를 가르치셨지만, 그 기도는 후에 다양한 상황에서 새롭게 해석되었습니다. 이로써 우리는 주님의 기도를 구체적이고 현실에 맞는 기도로 이해할 수 있게 되었습니다. 주님의 기도를 해석할 때, 우리는 이 기도가 역사 안에서 어떻게 전승되었고, 또 어떤 영향을 미쳤는지 함께 생각해야 합니다. 우리는 주님의 기도를 원문에 충실하게 해석하면서도, 동시에 현재 상황에 맞게 해석하려고 노력해야 합니다.

예수님 시대에 실제 말씀하신 그대로 그분의 말씀을 이해하려는 시도는 현대의 역사비평적 해석과 함께 일어났습니다. 역사비평적 방식은 후대에 덧칠된 그림에서 원본을 찾아내는 데 도움을 주었습니다. 역사비평적 방식은 우리에게 많은 새로운 사실을 알려 주는 방식으로서, 현대의 성경 해석에서 결코 포기할 수 없는 방식입니다. 하지만 역사비평적 해석이 복원된 역사적 예수와 이후에 더해진 예수에 대한 해석을 완전히 분리하고, 심지어 역사적 예수를 교회의 살아 있는 전승과 맞서게 한다면, 그러한 해석은 그리스도교라는 살아 있는 유기체에서 고고학적 유물을 꺼내는 일밖에 되지 않습니다. 박물관에 전시하기 위해서 오랜 역사의 먼지를 털어 내고 찾아낸 유물 말입니다.

그동안 이렇게 재구성된 역사적 예수는 주님의 영을 벗어 버린 독자적인 인물, 계몽적이고 자유주의적이거나 사회적으로 급진적인 예수라는 현대적 인물로 드러날 때가 많았습니다. 이러한 근대적 시도에 대한 반발로 근본주의(Fundamentalismus)가 나왔습니다. 근본주의는 예수님이 하신 실제의 말씀, 원래 말씀에만 집착합니다. 근본주의는 새로운 해석을 불안해합니다. 그래서 근본주의는 현실을 위한 해석에는 관여하지 않고, 그저 안전한 길만 가려고 하지요. 근본주의자들은 1세기의 글이 21세기의 독자에게 읽힐 때, 반드시 오늘날의 맥락에서 이해되어야 한다는 사실을 받아들이지 못합니다. 오늘날 독자는 이천 년 전의 글을 오해하거나, 심지어 전혀 이해할 수 없을지도 모릅니다. 근본주의는 비창조적인 태도입니다. 근본주의는 그리스도교의 복음을 세상에 펼쳐 내는 것이 아니라, 오히려 닫아 버립니다.

주님의 기도를 가능한 한 원문에 충실하게 해석하면서도, 오늘날 사람들이 이해할 수 있게 해석하는 것은 간단한 일이 아닙니다. 올바른 해석을 위해서는 근대적 해석이 지닌 위험에도, 근본주의의 위험에도 빠지지 말아야 합니다. 우리는 주님의 기도를 최대한 원문에 충실하게 해석하면서도, 신약성경에서 이미 시작된 전승과 영향사를 함께 고려하고, 그 역사의 흔적을 따라 오늘날 맥락에서는 주님의 기도를 어떻게 해석해야 할지 고민해야 합니다. 예수님의 말씀은 당대의 사람들에게 커다란 도전이었습니다. 오늘날 우리에게도 그러해야 합니다. 우리에게 도전이 되려면, 그 도전은 먼저 이해되어야 합니다. 사람들이 오해하거나 이해하지 못한다면, 예수의 말씀을 문자적으로 아무리 정확히 번역해 본들 아무 소용이 없습니다. 그리스도교 신앙은 이해하려고 노력하는 신앙입니다. 신앙과 이해, 신앙과 사고는 분리되지 않고 서로 긴밀하게 결합되어 있습니다.

기도로 부르심

예수님은 제자들에게 주님의 기도를 가르쳐 주셨고, 이 기도는 제자들에게 중요한 기도의 지침이 되었습니다. 예수님은 성령을 보내리라고 제자들에게 약속하셨습니다. 모든 것을 기억하게 해 주시고, 우리를 진리로 이끄실 성령입니다(요한 14,26; 15,26; 16,13). 우리는 성령 안에서, 그리고 성령의 도움으로만 올바로 기도할 수 있습니다(로마 8,26). 예수님의 제자들은 주님의 기도를 소중한 유산으로 후대에 전해 주었습니다.

성령 안에서 드리는 이 주님의 기도는 지금까지 수많은 사람을 위로했고, 수많은 사람에게 힘과 용기를 주었습니다. 주님의 기도는 수많은 사람의 삶의 여정에 함께했습니다. 기도하는 마음이라야 주님의 기도를 제대로 이해하고 해석할 수 있습니다. 주님의 기도를 해석하는 목적은 분명합니다. 예수님이 가르치시고, 제자들에게 전해 준 이 기도가 오늘날에도 유효한 기도가 되도록 하기 위해서입니다.

기도의 언어는 고유한 특성을 지닙니다. 기도는 가르치는 글도 아니고, 하느님 앞에서 늘어놓는 하느님에 '관한' 말도 아닙니다. 기도는 하느님과 '함께', 하느님을 '향해' 드리는 말입니다. 기도는 신앙 조문의 요약도 아니고, 윤리적 계명을 모은 것도 아닙니다. 기도는 우리가 해야 할 의무를 말하지 않습니다. 기도는 오히려 우리가 하지 않은 것, 즉 태만히 한 것 그리고 우리가 저지른 잘못이나 나쁜 일을 탄식하며 고백하게 합니다. 기도할 때 우리 영혼은 하느님의 영에 이끌려 하느님을 향합니다. 우리는 믿음으로 우리의 모든 일을 하느님의 손에 맡깁니다. 이제 우리에게 우리의 일을 해 나갈 힘과 용기가 생깁니다. 우리의 영혼이 하느님을 향하지 않는다면, 우리는 일상의 걱정과 곤경 속에 질식하고 말 것입니다. 기도는 영혼의 호흡입니다. 기도는 우리를 숨 쉬게 하고, 우리를 더 넓은 곳으로 이끌어 줍니다(시편 18,20).

우리는 기도할 때 피조물로서의 우리의 유한성을 하느님 앞에서 인정합니다. 또한 우리는 하느님의 주권, 영광, 권능과 선하심을 고백합니다. 주님의 기도는 신학 전체를 품고 있습니다. 이 기도는 신학을 추상적인 교리로 제시하지 않고, 찬송과 영광송(Doxologie)의 형태로 풀어놓습니다. 기도하는 이는 인간의 언어와 개념이 하느님 앞에서 얼마나 불완전한지 알고 있습니다. 예수님은 친히 우리에게 주님의 기도를 알려 주시고, 그 기도를 드리라고 권유하셨습니다. 이제 우리는 예수님이 하신 것처럼 깊은 신뢰를 가지고 하느님께 말씀드릴 수 있습니다. 하느님께 우리의 청을 드릴 수 있습니다. 우리는 확신합니다. 우리의 기도가 헛되이 사라지지 않고, 하늘에 계신 우리 아버지에게 다다를 것을 말입니다.

하늘에 계신
우리 아버지

예수님이 가르치신 주님의 기도는 "우리 아버지"라는 말로 시작합니다. 마태오 복음에서는 "우리 아버지"라고 되어 있고, 루카 복음에서는 그냥 "아버지"라는 말만 등장합니다. 우리가 하느님에 관해 말하고자 하는 것은 "아버지"라는 말에 이미 다 담겨 있습니다. 중요한 것은 우리가 아버지를 어떻게 이해하느냐겠지요. 어떻게 우리는 하느님을 이토록 친밀한 방식으로 감히 아버지라 부를 수 있을까요?

어떻게 우리가 하느님을 아버지라 부를 수 있습니까?

주님의 기도는 우리 모두에게 친숙한 말인 아버지라는 말로 시작합니다. 모든 사람은 이 세상에 태어난 이상 아버지가 있습니다. 우리를 이 세상에 태어나게 하신 아버지, 우리를 돌보고, 우리에게 삶의 방향을 알려 주는 아버지, 우리가 아무리 감사해도 부족한 그런 아버지입니다. 우리는 각자 아버지에 대한 경험이 있습니다. 그 경험은 개인적이고 개별적이지요. 어떤 이는 아버지를 떠올리면, 따뜻한 배려와 믿음직한 보살핌을 떠올리고, 어떤 이는 아버지에게 다양한 형태의 존경심과 친밀함을 느낍니다. 어떤 이들에게는 아버지에 대한 경험이 엄격함과 폭력, 반항과 경쟁심, 노골적인 거부와 적개심으로 얼룩져 있습니다. 아버지의 역할이 우리 사회에서 점점 약해져서, 어떤 경우에는 거의 없다시피 해 보이기도 합니다. 아버지라는 단어가 이제는 거의 무의미하게 들릴 정도입니다.

우리가 하느님을 아버지라고 부를 때, 각자의 아버지에 대한 다양한 경험이 무의식적으로 떠오릅니다. 어떤 이는 하느님을 아버지라고 부르면서 믿음직하고 친밀한 아버지를, 또 어떤 이는 불행한 경험을 떠올릴 것입니다. 혹은 어떤 이는 아버지라는 명칭을 별 의미 없는 상투어로 받아들이겠지요. 각자가 지닌 아버지에 대한 상이 하느님상像에 스며듭니다. 우리는 주님의 기도를 바치기 전에, 우리 각자의 아버지에 관한 생각과 감정을 한번 정리할 필요가 있습니다.

　모든 면에서 완벽하고 절대적으로 이상적인 아버지는 이 세상에 없습니다. 이상과 현실, 기대와 실재 사이에는 언제나 큰 긴장이 있습니다. 우리가 하느님을 아버지라고 부를 때, 이 아버지라는 호칭에는 이 세상의 아버지가 결코 완전히 채울 수 없는 궁극적인 갈망이 들어 있습니다. 아버지라는 호칭에는 안전하게 보호받는 느낌, 배려와 관심에 대한 동경이 들어 있습니다. 하느님을 아버지라고 부르며 기도하는 사람은 분명히 알아야 합니다. 하느님 아버지는 지상의 아버지가 아닙니다. 하느님 아버지는 인간적인 바람을 무한히 뛰어넘어 우리의 근원적인 갈망을 채워 주시는 아버지이십니다. 그러니 우리는 지상의 아버지와 관련된 경험을 하느님 아버지께 덧씌워서는 안 됩니다. 하느님 아버지와 지상의 아버지 사이에는 유사점보다는 차이점이 훨씬 더 크다는 점을 잊어서는 안 됩니다.

　아버지라는 호칭은 모든 인간적 기준을 넘어섭니다. 이는 성경의 하느님이 고대의 다른 신화와는 달리 여성 신을 반려자로 가지지 않은 것만 봐도 알 수 있습니다. 성경의 하느님을 어머니 같다고 말해도 됩니다. 이사야 예언자는 어머니처럼 다정하게 당신 백성을 돌보시는 하느님, 여인이 제

젖먹이를 잊지 못하는 것처럼 당신 백성을 잊지 못하는 하느님에 관해 말합니다(이사 49,15; 66,11.13). 성경의 하느님은 남성도 여성도 아닙니다. 하느님은 당신의 사랑으로 모든 것을 돌보시는, 아버지이자 어머니입니다. 하느님 아버지는 우리가 지상의 아버지에게 기대하는 모든 것을 뛰어넘으십니다. 하느님은 우리가 생각하는 것보다 훨씬 크고, 완전한 방식의 아버지이십니다(마태 5,48; 루카 6,36).

하느님은 인간적인 아버지를 완전히 초월하는 우리의 근원이십니다. 하느님은 우리의 창조주이십니다. 우리는 이렇게 고백합니다. "정녕 당신께서는 제 속을 만드시고 제 어머니 배 속에서 저를 엮으셨습니다. 제가 앉거나 서거나 당신께서는 아십니다. 뒤에서도 앞에서도 저를 에워싸시고 제 위에 당신 손을 얹으십니다"(시편 139,13.3.5; 욥 10,8-11; 지혜 7,1-2). 하느님은 모태에서부터 이미 우리를 택하고 부르셨습니다(이사 44,2; 예레 1,5). 하느님을 아버지로 섬긴다는 것은 어떤 의미가 있습니까? 우선 내가 우연의 산물이 아니라는 뜻입니다. 내가 제멋대로인 운명이나 수백만 년에 걸친 진화의 산물만은 아니라는 뜻입니다. 우리가 이 세상에 있는 이유는, 우리의 아버지이신 하느님께서 우리를 원하셨기 때문입니다. 하느님 아버지께서 우리를 부르셨기 때문입니다.

우리에게는 아버지가 계십니다. 그분은 하늘과 땅을 만드신 창조주이십니다.

하느님은 우리를 홀로 외롭게 내버려 두지 않으십니다. 우리는 무한한 우주에서 버림받아 길을 잃고 헤매는 존재가 아닙니다. 우리가 사는 세상은 아버지가 없는 차갑고 의미 없는 세계가 아닙니다. 하느님은 우리 삶의 모든 순간에 우리를 붙들어 주십니다. 그 모든 순간, 하느님은 우리에게 말씀하십니다. "내가 바라는 것은 그저 네가 존재하는 것이다." 하느님은 우리 인생길을 함께 걸어 주시고, 어떤 상황에서든 우리 편에 계십니다. 우리는 모든 순간에 하느님의 보호를 받고 있다는 것을 느낄 수 있습니다. 우리가 어둠의 골짜기를 지날 때 하느님은 목자로서 우리를 이끌어 주십니다(시편 23편). 하늘의 새에게도 먹을 것을 주시는 하느님은 우리가 청하기도 전에 우리에게 무엇이 필요한지 잘 아십니다(마태 6,8.26.32).

모든 좋은 아버지가 그런 것처럼, 하느님 아버지는 당신 자녀들이 미성숙한 상태에 머물러 있게 하지 않으십니다. 하느님 아버지는 당신 자녀들이 성장하여 성숙한 자녀가 되기를 바라십니다. '권위'를 뜻하는 독일어 단어 '아우토리태트'Autorität는 라틴어 '아우토리타스'autoritas에서 왔습니다.

이 단어의 어원은 '아우게레'augere, 즉 '성장하다, 커 가다'라는 뜻입니다. 진정한 권위는 '권위주의적'이지 않습니다. 진정한 권위는 성장하게 하는 힘, 커 나가게 하는 힘입니다. 이사야 예언자는 말합니다. "나 너와 함께 있으니 두려워하지 마라. 내가 너의 하느님이니 겁내지 마라. 내가 너의 힘을 북돋우고 너를 도와주리라"(이사 41,10). 모든 아버지는 알고 있습니다. 자녀들이 커서 스스로 결정하는 것을 지켜보는 것이 얼마나 어려운지를요. 우리를 지켜보는 것이 하느님께도 늘 쉽지만은 않을 것입니다. 하지만 하느님은 우리가 잘 성장하고 성숙하도록 힘을 주십니다. 하느님의 권위는 우리 스스로 성장하게 하는 권위입니다. 하느님은 자유를 부여받은 존재로 창조된 우리가 자유를 잘 선용하여 당신의 성숙한 자녀가 되게 하셨습니다.

성숙한 인간은 하느님을 자유로이 부를 수 있습니다. 하느님은 우리가 자유로이 하느님을 부르기를 원하십니다. 자유로이 우리의 청을 당신께 드리길 원하십니다. 하느님과 우리 사이를 가로막는 것은 아무것도 없습니다. 하느님께 가는 길은 우리 모두에게 열려 있습니다. 하느님은 모두에게 말을 건네십니다. 아무도 우리의 말을 듣지 않고, 들으려고 하지 않을 때도, 하느님은 우리의 말을 들어주십니다. 시편 저자가 노래하듯, 하느님은 우리의 탄식과 간청 그리고 부르짖음을 들어주십니다(시편 22편; 38편; 44편; 59편; 60편; 69편; 74편; 79편 외). 하느님은 언제나 우리와 함께 계시며, 우리에게 귀를 기울이십니다.

산상 설교에서 예수님은 말씀하십니다. "청하시오, 여러분에게 주실 것입니다. 찾으시오, 얻을 것입니다. 두드리시오, 여러분에게 열어 주실 것입니다." 이 말씀은 복음서에서 여러 번 반복됩니다. 예수님은 이어서 말씀하십니다. "여러분은 악하면서도 여러분의 자녀들에게는 좋은 선물을 줄 줄 안다면, 하늘에 계신 여러분의 아버지께서야 당신에게 청하는 이들에게 얼마나 후하게 좋은 것들을 주시겠습니까!"(마태 7,7.11; 참조: 루카 11,9-13). 이제 우리는 확신을 가지고 하느님께 나아가 "하늘에 계신 우리 아버지"라고 말할 수 있습니다. 우리는 확신할 수 있습니다. 아우구스티누스의 말처럼, 하느님은 사람의 마음에 귀를 기울이시는 분입니다.

모든 이의 아버지

마태오 복음은 주님의 기도를 전할 때 그냥 아버지라고 하지 않고 "우리 아버지"라고 말합니다. 이는 하느님이 나만을 위한 하느님이 아니라, 모든 인간을 돌보시는 하느님이라는 뜻입니다. 주님의 기도는 개인과 가족, 민족과 문화의 모든 경계를 허물어 버립니다. 하느님은 모든 이의 아버지이십니다. 우리는 주님의 기도를 바칠 때, 우리의 마음을 활짝 열어야 합니다. 우리에게 친숙한 사람, 우리가 사랑하는 사람만 하느님의 자녀가 아닙니다. 매일 미디어를 통해 알게 되는 고통받는 사람들, 고난과 불행에 허덕이는 사람들도 하느님의 자녀입니다. 그들 모두가 하늘에 계신 아버지의 자녀입니다.

성경의 첫 시작은 우리에게 알려 줍니다. 하느님은 아담을 창조하시며 모든 인간을 창조하시고, 하와를 만드시며 당신 모상대로 모든 생명의 어머니를 만드십니다(창세 1,27; 2,7; 3,20). 혈통, 피부색, 문화, 인종, 계급, 성별이나 종교와 상관없이 모든 인간은 같은 존엄성을 지닙니다. 모든 인간은 하느님의 자녀이며, 모든 인류는 한 가족입니다(창세 1,27; 3,20; 사도 17,26-29). 하느님은 악한 사람에게나 선한 사람에게나 당신의 해를 떠오르게 하시고, 의로운 사람에게나 의롭지 못한 사람에게나 비를 내려 주십니다(마태 5,45). 인종차별과 외국인 혐오는 하느님의 뜻에 완전히 반하는 일입니다. 마지막 때 모든 민족은 시온으로 모이고, 하느님은 민족들의 재판관이 되실 것입니다. 사람들은 칼을 쳐서 보습을 만들고 창을 쳐서 낫을 만들 것입니다. 이 땅에 평화가 깃들 것입니다(이사 2,1-5; 미카 4,1-3; 요엘 4,10).

주님의 기도는 사적인 기도가 아닙니다. 주님의 기도를 바치는 이는 많은 사람을 대표해 하느님께 기도합니다. 우리는 주님의 기도를 바칠 때 세상의 고통에 귀 기울여야 합니다. 굶주린 이, 기아와 전쟁에 고통받는 사람, 수감자, 난민, 하느님을 거부하는 이, 죄인, 절망에 빠진 사람, 병들고 죽어 가는 사람을 위해 기도해야 합니다. 지도자들을 위해서도 기도해야 합니다. 그들이 선하고 올바르게 세상을 다스릴 수 있도록 말입니다(1티모 2,2). 주님의 기도는 우리 모두의 아버지께 바치는 이 세상·평화를 위한 기도입니다.

하늘에 계신 우리 아버지

신을 아버지의 표상으로 이해하는 방식은 거의 모든 고대 종교에서 발견됩니다. 물론 모든 종교의 이해가 다 같지는 않습니다. 큰 차이가 있지요. 신화가 말하는 신은 씨족과 민족, 인류의 물리적 근원입니다. 호메로스는 제우스를 신들과 인류의 아버지로 이해했습니다. 철학적인 개념으로 신성은 모든 존재의 범신론적 근원으로 이해되고, 현대적 용어로는 우주의 원초적 힘이나 에너지로 이해됩니다. 이 모든 표상은 결국 신과 세계 그리고 신과 인간이 하나라는 세계관에서 나온 내재적인 표상입니다.

이런 내재적 신에 대한 표상은 성경에는 없습니다. 예수님도 주님의 기도에서 "하늘에 계신 우리 아버지"라고 기도하십니다. '하늘에 계신'이라는 말은 유다인들의 기도와 산상 설교에서도 발견됩니다(마태 5,16.45.48; 6,1; 7,11.21). 하늘에 계신다는 말은 하느님이 지상의 인간을 훨씬 뛰어넘는 초월적인 분이라는 뜻입니다. 이 하늘은 어떤 특정한 공간이나 피안의 세계를 뜻하지 않습니다. 하느님이 저 하늘 구름 너머, 어떤 별에 사시진 않지요. 하늘은 어떤 공간을 의미하지 않습니다. 사도 바오로는 아테네 아레오파고스의 지식인들과 하느님에 관해 논쟁하며, 어느 이방인 시인의 말을 인용합니다. "우리는 그분 안에서 살고 움직이며 존재합니다"(사도 17,28). 지엄하신 하느님은 감추어져 있습니다(이사 45,15). 그러나 감추어진 하느님은 사실 우리와 가까이 계십니다. 우리가 보지 못할 뿐이지요. 우리의 약한 눈으로는 눈부신 태양 빛을 바로 볼 수 없는 것처럼요. 하느님은 우리가 다가

갈 수 없는 빛 속에 계십니다(1티모 6,16).

하느님이 하늘에 계신다는 말은 하느님이 우리의 감각으로는 이해조차 할 수 없는 숭고함을 지니셨다는 말입니다. 하느님의 존재 방식은 우리와는 질적으로 다르다는 말이지요. 이사야 예언자가 성전을 묘사하는 장면에서, 이 존재 방식이 표현되어 있습니다. 하느님은 세 번이나 거룩하시다는 찬양을 받습니다. 이는 하느님이 세상의 모든 존재들과는 완전히 다른 존재라는 뜻입니다. 그분의 영광이 워낙 빛나서, 사랍(세라핌)도 날개로 자신의 눈을 가려야 했습니다(이사 6,1-3). 사은찬미가(Te Deum)에서 우리가 고백하듯이, 하느님은 그지없이 엄위하신 아버지이십니다.

우리가 하느님을 하늘에 계신 우리 아버지라고 부를 때, 우리는 그 명칭을 하찮거나 대수롭지 않은 신 관념과 연결해서는 안 됩니다. 성경 주석가들은 주님의 기도에서 하느님을 부를 때 사용한 아람어 압바(abba)가 단순히 유아들이 사용하는 아빠와 같은 뜻이라고 손쉽게 이해해서는 안 된다고 지적합니다. 압바라는 호칭에는 오히려 존경의 의미가 담겨 있습니다. 오늘날 우리가 쓰는 '파터'[독일어: Vater(아버지)]라는 호칭에 신뢰와 존경의 의미가 담겨 있는 것처럼 말입니다. '하우스파터'[독일어: Hausvater(가장)]라는 단어를 쓸 때, 사제를 아버지라는 뜻의 '파터'(영어: father)나 '파드레'(이탈리아어: padre)라고 부를 때, 또 수도원장을 '파터 압트'(독일어: Vater Abt)라 부르고, 교황을 '하일리거 파터'[독일어: Heiliger Vater(성스러운 아버지)]라 부를 때도 마찬가지입니다. 우리는 아버지라는 호칭에 신뢰와 존경을 담습니다. 하느님 아버지라 부르며 기도할 때, 우리도 이 호칭에 신뢰와 존경을 담아야 합니다. 의식 없이 함부로 아버지라 불러서는 안 됩니다. 기도 전에 하느님의 현존으로 들어가야 합니다. 우리가 하느님의 얼굴 앞에 서게 됨을 의식하고 기도해야 합니다.

하느님, 예수 그리스도의 아버지

우리는 하느님이 우리를 기다리심을 알기에, 거룩한 하느님 앞으로 나아갈 수 있습니다. 하느님은 자비로운 아버지의 비유에서처럼, 잃어버린 아들을 멀리서 보고 마주 달려오시는 분입니다. 잃어버린 아들을 만나서는 목을 껴안고 입을 맞추시는 분입니다(루카 15,20).

구약성경은 분명히 말합니다. 하느님이 아버지가 되어 주심은 우리가 요구할 수 있는 당연한 일이 아니라고요. 하느님이 우리의 아버지가 되어 주심은 하느님이 우리를 당신 자녀로 받아들이신 자유로운 선택의 결과입니다. 이미 하느님은 예언자 나탄을 통해 다윗과 그 후손들을 자녀로 삼으실 것을 약속하십니다(2사무 7,14; 참조: 시편 89,27). 때가 찼을 때, 아버지 하느님은 당신 아들 예수 그리스도를 우리에게 보내셨습니다(갈라 4,4-6; 히브 1,1-2). 신약성경은 예수님이 하느님의 유일하고 영원한 아들임을 증언합니다(마태 11,26-27; 요한 3,17.35 등). 예수님 안에 하느님의 신성이 충만히 드러납니다(요한 1,14; 콜로 1,19). "일찍이 아무도 하느님을 보지 못했다. 아버지의 품 안에 계시는 외아들, 하느님이신 그분이 알려 주셨다"(요한 1,18). 신약성경은 하느님을 자주 "우리 주 예수 그리스도의 아버지"라는 호칭으로 부릅니다(로마 1,4; 15,6; 2코린 1,3 등).

예수님은 독생성자로서 지니는 유일하고 친밀하며 내밀한 방식으로 하느님 아버지(*abba*)에 관해 말씀하십니다(마르 14,36). 예수님은 밤새워 하느님 아버지께 기도드립니다(마르 1,35; 6,46; 루카 6,12). 제자들도 예수님이 기도하시는 것을 봤을 겁니다. 제자들도 그렇게 친밀한 기도를 하느님께 드리고 싶었겠지요. 제자들은 예수께 청합니다. "저희에게도 기도를 가르쳐 주십시오"(루카 11,1). 예수님의 대답에서 눈에 띄는 것이 있습니다. 예수님은 당신과 제자들을 한데 묶지 않으십니다. "여러분은 이렇게 기도하시오"(마태 6,9; 루카 11,2). 요한 복음은 예수님과 하느님 아버지 사이의 관계가 어떤 관계와도 비교할 수 없는 유일하고 특별한 것임을 분명히 말합니다. "나는 나의 아버지이시며 여러분의 아버지, 나의 하느님이시며 여러분의 하느님이신 그분께로 올라"갑니다(요한 20,17).

　이 말씀은 예수님과 우리가 다름을 드러내면서, 동시에 예수님과 우리가 가까이 연결되어 있음을 드러냅니다. 예수님은 하느님 아버지의 유일한 아들이지만, 우리도 예수님을 통해서, 그리고 예수님 안에서 하느님 아버지의 자녀로 받아들여집니다. 예수님처럼 우리도 성령 안에서 하느님 아버지의 자녀가 되도록, 예수님은 우리에게 성령을 보내셨습니다. 오직 성령 안에서만 우리는 하느님을 '압바(*abba*), 아버지'라 부를 수 있습니다(갈라 3,26; 4,5-6). 예수님이 하느님을 부를 때 사용한 '압바, 아버지'라는 호칭은 예수님의 말씀에서 참으로 특징적인 것이었습니다. 초대교회는 기도할 때 처음부터 이 호칭을 사용했고, 오늘날 모든 그리스도교 교파의 교회들도 이 호칭을 친숙하게 사용하고 있습니다(로마 8,15; 갈라 4,6).

요한의 첫째 편지는 우리가 이름만 하느님의 자녀가 아니라, 실제로 하느님의 자녀임을 알려 줍니다. 우리는 하느님의 자녀입니다. 우리가 하느님을 있는 그대로 뵐 때, 우리가 하느님의 자녀임이 분명히 밝혀질 것입니다(1요한 3,1-2). 주님의 기도를 바칠 때, 우리 안에는 이미 하늘나라가 펼쳐집니다. 하느님을 아버지라고 부를 때, 우리는 성령 안에서 성부와 성자가 누리는 내적인 관계, 삼위일체가 만들어 내는 생명과 사랑의 관계 속으로 들어갑니다. 우리가 정말 어떤 모습이 될지는, 우리가 하느님의 얼굴을 마주 보듯 볼 때에야 알게 되겠지요. 그래도 우리는 지금 예수님의 품에 기댈 수 있습니다. 예수님의 품에서 하느님과 함께하며, 마음의 안식과 평화를 누릴 수 있습니다. 최후의 만찬 때 사랑받는 제자가 예수님의 품에 기댄 것처럼 말이지요(요한 13,23).

이러한 내적 기도의 경험은 신비로운 경험입니다. 이러한 신비로운 경험은 선택된 소수의 신자에게만 허락된 특별한 경험이 아닙니다. 신앙에서 비롯된 모든 강렬한 삶과 기도의 바탕이 되는 경험이 바로 신비입니다. 우리는 주님의 기도를 내적인 기도로 바칠 때, 우리가 하느님께 다가가는 신비로운 경험, 하느님이 우리와 함께하시는 신비로운 경험을 올바로 이해하게 됩니다. 우리는 그 신비로운 경험 안에서 하느님 나라를 미리 맛볼 수 있습니다. 우리가 이러한 경험을 인위적으로 만들어 낼 수는 없습니다. 그 경험은 주어지는 고마운 선물입니다. 그러한 위로가 우리에게 오랫동안 주어지지 않아도 실망할 필요는 없습니다. 우리가 메마른 영적 사막을 헤맬 때, 하느님은 우리와 더 가까이 계시기도 하니까요.

아버지라는 개념의 혁명적인 변화

하느님이 우리의 아버지가 되시고, 우리가 그분의 아들딸이라고 고백하는 주님의 기도가 단지 우리 마음속에서만 바쳐지는 내적 기도일 수는 없습니다. 이 세상의 삶에도 영향을 미칩니다. 신약은 하느님 아버지가 지상의 모든 아버지의 근원, 기준 그리고 규범이 된다고 말합니다(에페 3,15). 하느님 아버지는 이 지상, 그리고 이 지상의 모든 아버지가 맺는 관계에 빛을 비추십니다. 아버지가 맺는 관계는 좁은 의미로 가정에만 있다고 생각해서는 안 됩니다. 그 관계는 가부장적인 위계질서가 존재하는 모든 사회 그리고 교회 안에서도 발견됩니다.

에페소 신자들에게 보낸 서간과 콜로새 신자들에게 보낸 서간을 봐도 잘 알 수 있습니다. 두 서간에는 어쩔 수 없이 당시의 일반적인 가부장적 사고가 드러납니다. 서간은 아내가 남편에게 순종해야 한다고 말합니다(에페 5,24; 콜로 3,18). 오늘날 여성은 이런 말에 반감을 느낍니다. 하지만 본문을 주의 깊게 읽으면, 바오로가 그 시대의 생각을 드러내면서도 동시에 그 생각을 수정하고 있다는 것을 알 수 있습니다. 바오로는 하느님 아버지가 예수 그리스도 안에서 당신을 사랑으로 드러내신 방식을 받아들입니다. 바오로는 말합니다. 서로에게 순종하십시오. 그리스도께서 그렇게 하신 것처럼 순종하십시오. 노예처럼 굴종하는 것이 아니라, 서로가 서로에게 사랑으로 순종하십시오. 바오로는 남편들에게 엄중히 말합니다. 그리스도께서 교회를 사랑하시는 것처럼, 그렇게 아내를 사랑하라고요. 이는 오늘날 남녀평등이 도달하고자 하는 이상을 훨씬 뛰어넘습니다.

부부 사이에 적용되는 이 원칙은 자녀와 그 집에 속한 노예에게도 적용됩니다. 자녀와 노예를 소유물처럼 다뤄서는 안 되고, 인간의 존엄성을 지닌 독립된 주체로 받아들여야 합니다. 가능한 한 그들이 원하는 것을 들어주어야 합니다(에페 5,25.28.33; 6,4; 콜로 3,19.21). 특히 아버지는 자녀를 주눅

들게 하여 기를 꺾거나, 화나게 해서는 안 됩니다(에페 6,4; 콜로 3,21). 예수님은 어린이 하나를 제자들 가운데에 세우시며, 이 어린이와 같은 이가 하늘나라에서 가장 큰 사람이라고 말씀하십니다(마태 18,1-5). 어린이를 학대하는 것은 끔찍한 범죄입니다. 이 범죄는 세상의 법정에서도 큰 범죄이지만, 하늘의 천사들이 그 죄를 하느님 앞에 고할 만큼 큰 죄입니다(마태 18,10). 예수님도 당시의 가부장적인 제도를 완전히 폐지하진 않았습니다. 하지만 예수님은 가부장적인 관계를 안에서부터 바꾸어 구조적인 변화를 이끄셨습니다. 그 변화는 지금도 계속됩니다.

예수님은 아버지라는 개념의 혁명적인 변화가 교회 안에서 아버지라고 불리는 이들에게도, 아니 그들에게 더욱 필요함을 강조하셨습니다. 그들은 실제로 아버지(영어: 파더 father, 이탈리아어: 파드레 padre)라고 불립니다. 그들은 세상의 통치자들이나 고관들처럼 행동해서는 안 됩니다. 예수님은 분명히 말씀하십니다. "그러나 여러분 사이에서는 그럴 수 없습니다." 여러분은 스승이라고 불려서는 안 됩니다. 그리고 첫째가 되려고 다투어서도 안 됩니다. 여러분 가운데서 첫째가 되고자 하는 사람은 모든 이의 종이 되어야 합니다(마르 10,41-45). 양 떼를 먹이지 않고 자기들 배만 채워서는 안 됩니다(에제 34장). 플라톤도 지적하듯, 도축업자는 양들을 어떻게 착취할지, 어떻게 양들의 고기를 취할지만 생각합니다. 그러나 목자는 양을 돌보는 데만 관심을 둡니다. 목자들은 어떤 어려움이 있더라도 도망치지 말고, 착한 목자의 모범을 따라 자신에게 맡겨진 양들을 위해 목숨을 바쳐야 합니다(요한 10,11). 이러한 목자상에 비춰 보면, 노골적인 형태든 은밀하게 숨겨진 형태든, 모든 형태의 성직주의는 그 정당성을 잃습니다. 이렇게 예수님은 혁신의 과정을 시작하셨습니다. 그 혁신의 최종적인 목표에 도달할 때까지는 아직 갈 길이 멉니다.

그리스도교에서 시작된 혁신은 전체 사회에 영향을 미칩니다. 구약의 예언서와 시편에서도 볼 수 있듯, 성경의 신관神觀은 사람 사이의 관계를 완전히 바꿔 놓습니다(이사 1,17; 11,4; 예레 22,16; 아모 2,6; 4,1 외; 시편 9,10.19; 10,17-18 외). 하느님은 권세 있는 자의 하느님이 아니라, 가난한 이와 과부, 부서지고 꺾인 마음을 지닌 겸손한 이들의 아버지십니다. 하느님은 그들의 변호자가 되십니다(시편 51,19). 한나의 노래(1사무 2,8)에 이어, 신약에서는 마리아의 노래가 이러한 구약의 혁명적인 견해를 잘 표현하고 있습니다. 하느님은 권세 부리는 자를 권좌에서 내치시고 비천한 이를 들어 올리십니다. 굶주린 이를 좋은 것으로 채우시고, 부요한 자는 빈손으로 떠나보내십니다(루카 1,52-53). 예수님은 국가와 민족이라는 이름으로 만들어진 모든 경계를 없애십니다. 하느님은 가난한 이, 슬퍼하는 이, 박해받고 폭력에 힘들어하는 모든 이를 사랑하십니다(마태 5,3-12; 루카 6,20-26). 우리는 모두 인류라는 한 가족을 이룹니다. 아무도 이 가족에서 제외되지 않습니다. 우리는 주님의 기도를 바치면서, 모든 이와 연대한다는 것을 다시금 기억합니다.

예수님이 시작하신 이 혁신은 세상과 교회 안에서 아주 천천히 진행되었습니다. 혁신이 역사 안에서 완성에 이르기까지 아직 갈 길이 멉니다. 우리는 지치지 말고 더 힘차게 걸어가야 합니다. 주님의 기도를 다루는 첫째 장에서, 우리는 하느님 아버지라는 호칭이 우리의 신관과 기도에 얼마나 혁명적인 변화를 가져왔는지 살펴봤습니다. 이제 우리는 주님의 기도를 다루는 둘째 장에서 우리가 걸어가야 할 길이 어떤 길인지 구체적으로 살펴볼 것입니다.

아버지의 이름이
거룩히 빛나시며

기도의 대상인 하느님을 부른 후에, 우리는 예수님이 가장 중요한 주제로 제시한 내용을 마주합니다. 주님의 기도 전반부는 우리의 일상적인 요구나 소망을 말하지 않습니다. 그것들은 기도의 후반부에 나옵니다. 예수님은 기도의 전반부에서 일상의 요구를 넘어서는 넓은 지평에 우리를 세우십니다. 물론 예수님은 우리 개개인의 요구를 중요하게 여기십니다. 하지만 예수님은 먼저 우리의 시선이 중요한 한 가지에 머물기를 원하십니다. 예수님은 주님의 기도 안에서 우리를 더 넓은 곳으로 이끄십니다(시편 18,20).

하느님의 이름을 부르다

주님의 기도에 나오는 첫째 기도는 "아버지의 이름이 거룩히 빛나시며"(마태 6,9; 참조: 루카 11,2)입니다. 이는 오늘날 기도하는 많은 사람에게 쉽게 이해되지 않습니다. 이름은 그저 이름일 뿐, 분명한 실체가 없는 것처럼 보이기 때문입니다. 하지만 '이름이 거룩히 빛나'길 바라는 이 기도는 뒤이어 나오는 모든 기도의 출발점이자 기초가 됩니다. 따라서 우리는 이름이 지닌 의미에 집중해야 하며, 특히 하느님의 이름이 지닌 의미를 좀 더 자세히 알아봐야 합니다.

이름이 지니는 의미를 곰곰이 생각해 보면, 이름은 이름일 뿐 한갓 허상에 지나지 않는다는 생각은 옳지 않다는 걸 곧 알게 됩니다. 우리 모두 이름을 갖고 있습니다. 우리는 이름으로 불리고, 이름으로 사람들에게 알려집니다. 만약 우리에게 이름이 없다면, 우리는 그야말로 무명無名의 존재로 살아갈 것입니다. 이는 참으로 슬픈 일입니다. 내가 나를 나의 이름으로 소개할 수 없다면, 나는 그냥 아무도 아닌 존재가 됩니다. 세상에 이름을 떨치고, 모든 이가 알아주는 유명한 사람이 되는지가 중요한 게 아닙니다. 중요한 것은, 내가 아무것도 아닌 존재가 아니라 구체적인 누군가가 된다는 사실입니다. 세상에서 구체적인 누군가로 인정받는다는 것이 중요합니다. 우리는 자신의 이름으로 아무것도 아닌 존재가 아니라 사회 안에서도 구체적인 누군가로 인정받습니다. 이렇게 이름은 각자의 유일하고도 대체될 수 없는 사회적 정체성을 드러냅니다. 우리가 상대방의 이름을 알고, 그 이름을 부르는 것은 결코 작은 일이 아닙니다. 상대방의 이름을 알면, 그에게 다가가기가 더 쉽습니다. 반면 이름조차 모르는 상대에게는 다가가기 훨씬 힘듭니다. 이름도 모르는 상대는 우리에게 무명의 존재, 아무것도 아닌 존재입니다.

이름은 사람이 '무엇인가?'에 관한 답이 아니라 '이 사람이 누구인가?'에 관한 답을 줍니다. 이름은 어떤 존재의 일반적인 속성을 묻지 않습니다. 그 존재가 구체적으로 누구인지 묻습니다. 이름은 대체될 수 없는 구체적인 한 인간을 지시합니다. 우리는 '나는 무엇인가?'라고 묻지 않습니다. '나는 누구인가?'라고 묻습니다. 나는 내가 어떤 사람이길 원하고, 나를 어떤 사람이라고 드러내며, 사람들은 나를 어떤 사람으로 여기는지 묻습니다. 이름에는 개인의 정체성이 드러납니다. 그 정체성은 각자에게 실존적으로 매우 중요한 의미를 지닙니다.

우리와 하느님 사이의 관계도 그렇습니다. 물론 조금은

다른 방식이기는 하지만 말입니다. 하느님이 당신의 이름으로 불릴 때만, 하느님은 우리에게 구체적이고 실존적인 의미로 다가오십니다. 우리가 하느님에 관해 어떠한 말도 할 수 없어서, 하느님을 부르지도 못하고, 하느님께 기도하지도 못한다면, 그런 하느님은 우리에게 없는 존재나 마찬가지입니다. 인간은 실제로 하느님을 없는 존재처럼 침묵 속으로 몰아넣기도 합니다. 세속화된 세계에서는 흔히 있는 일이지요. 저는 지금 하느님의 존재 여부가 인간 언어에 달려 있다고 말하는 것이 아닙니다. 인간이 없으면 하느님이 존재할 수 없고, 세상에 실재할 수 없다고 생각해서는 안 됩니다. 하느님은 당신의 존재를 위해 인간을 필요로 하시지 않습니다. 하지만 하느님이 우리의 삶에 존재하지 않는다면, 하느님은 우리를 위해 존재하지 않고, 의미 없는 존재가 되어 버립니다. 모든 것은 '신이 없는 것처럼'(etsi Deus non daretur) 흘러갑니다. 그러면 하느님은 모호하고 흐릿한 익명의 존재가 됩니다. 잠시 경건한 기분이 들 수도 있지만, 사람을 기쁘게도 하고 불쾌하게도 하는 공기 속에서 곧 흩어져 버릴 몽환적인 연기 같은 존재일 뿐이지요.

이로써 우리는 현재 우리가 맞이한 상황의 중요한 점을 보게 됩니다. 제가 지금 예로 드는 피히테와 관련된 이야기는 사람들이 암흑기라고 말하는 중세 때 일어난 일도 아닙니다. 1789년에 젊은 철학자 요한 고틀리프 피히테가 무신론 철학을 대변한다는 인상을 사람들에게 주었을 때, 이것이 추문이 되어 피히테는 교수직을 잃게 됩니다. 오늘날에는 상상도 할 수 없는 일이지요. 오늘날에는 공적인 자리, 예를 들어 의회나 언론에서 하느님을 언급하거나 하느님의 이름을 부르는 것이 불쾌한 일은 아니지만, 부적절한 일로 여겨집니다. "하느님, 저희를 도우소서"라는 선서만이 근대 이전의 종교적 유산으로 남아 있지만, 이 문구조차 오늘날에는 선택 사항일 뿐입니다. 이 선서문의 채택 여부는 법적으로 중요하지 않습니다. 신을 부르느냐 마느냐가 중요한 것은 아닙니다. 19세기만 해도 무신론 논쟁, 즉 신이 있느냐 없느냐의 문제는 뜨거운 논쟁거리였습니다. 하지만 이 문제는 더 이상 현대인들을 자극하지 않습니다. 신 문제는 현대인의 관심을 더는 끌지 못합니다. 공적인 영역에서는 더 말할 것도 없고요. 신은 이제 세상에서 거의 쫓겨난 것이나 마찬가지입니다.

  신이 이름을 가질 때, 신의 이름이 정해지고 그 이름이 불릴 때, 사람들이 그 이름으로 찬미와 찬양을 드릴 때, 즉 사람들이 신의 이름을 부를 때, 그제야 신은 사회와 개인에게 실존적으로 중요한 '실재'로 드러납니다. 우리는 '신은 존재한다. 신은 존재하지 않는다' 등의 말을 합니다. 신의 이름을 부르는 것은 단순히 정보를 전하는 행위가 아닙니다. 신의 이름을 부르는 것은 하나의 수행적인(performative) 기능을 합니다. 언어의 수행적 기능이란 특정한 말이 언어 행위로 어떤 효력을 실제로 발휘한다는 뜻입니다. 일상에서 우리는 '누군가에게 질문을 던진다' 혹은 '어떤 문제를 논의의 테이블에 올린다'라는 등의 표현을 씁니다. 이 말을 하면서 우리는 지금 제기하는 문제가 바로 여기에 존재하게 합니다. 사람들은 이제 이 문제를 진지하게 받아들여야 하며, 그 문제와 어떻게든 대면해야 합니다. 적시에 사용된 적절한 단어가 현 상황을 좋게 바꾼다는 것도 알고, 반대로 나쁜 단어가 상황을 나쁘게 만든다는 것도 우리는 잘 알고 있습니다. 우리는 하느님의 이름을 침묵 속에 가라앉게 해서는 안 됩니다. 우리는 하느님의 이름을 적극적으로 불러야 합니다. 하느님에 관해 말해야 합니다. 우리는 하느님에 관해 말함으로써 하느님을 이 세계에 현존하게 할 수 있습니다. 그렇게 우리는 우리의 현실을 바꿀 수 있습니다.

당신 이름 안에 드러나는 하느님의 현존

이제 우리는 알게 되었습니다. 하느님을 부르고 하느님과 관계를 맺기 위해서 하느님의 이름을 아는 것이 옛사람들에게 왜 그토록 중요한 일이었는지를요. 모세는 불타는 떨기나무에서 하느님의 이름을 물었습니다(탈출 3,13). 모세에게는 하느님의 이름이 중요했습니다. 모세가 이스라엘 사람들에게 돌아갔을 때, 그가 만난 신이 도대체 누구였는지를 이스라엘 백성에게 말해야 했습니다. 당시의 다신교 세계에서, 모세는 자신이 만난 신이 누구인지 분명히 알아야 했습니다. 하지만 모세가 들은 대답은 신비로운 말이었습니다. 그 대답은 오늘날까지도 다양한 방식으로 번역되고 해석됩니다. 사람들은 오랫동안 이 말을 "나는 있는 자, 그다. (나는 있는 나다)"라는 말로 번역해 왔으며, 철학자들은 이 말을 신이 절대적인 존재(Sein)로서 자신을 계시했다는 뜻으로 해석했습니다. 틀린 해석은 아닙니다. 하지만 히브리인들에게 존재는 정적인 상태가 아니라, 역동적인 실재를 뜻합니다. 존재는 역동적이고 활동적인 현존재(Da-Sein)를 뜻하기 때문에, 모세가 들은 대답은 '나는 여기에 있는 존재다' 혹은 '나는 여기에 현존하는 그런 존재다'라고 번역하는 것이 더 낫습니다(탈출 3,13-14).

하느님은 이 이름으로 당신이 누구인지 알려 주십니다. 하느님은 당신 백성을 위해, 당신 백성과 함께 바로 여기에 계시는 하느님입니다. 하느님의 이름은 이스라엘 백성들에게 하나의 약속이 됩니다. 이집트 탈출과 광야 여정에서 이스라엘 백성을 돕는다는 약속, 이스라엘 백성을 자유롭게 하시리라는 약속 말입니다. 하지만 하느님이 우리에게 주신 대답이 모든 것을 다 드러내지는 않습니다. 하느님은 여전히 신비에 감춰져 계십니다. 하느님은 자신을 계시하시면서 동시에 뒤로 물러나십니다. 하느님은 당신의 고유한 존재방식으로 존재하십니다. 하느님의 존재는 규명될 수 없습니다. 하느님은 이해되거나 확증될 수 없고, 파악될 수 없는 분입니다. 하느님은 하느님만의 숭고한 주권을 누리시는 분입니다.

하느님이 당신 자신을 현존하는 존재로 계시하시면서 동시에 당신을 감추시는 이 신비한 진술은 구약의 야훼(*Jhwh*)라는 명칭에서도 잘 드러납니다. 원래 야훼는 유목민들이 믿은 날씨를 관장하는 신의 이름이었지만, 이는 별로 중요하지 않습니다. 야훼는 성경 안에서 하느님의 이름이 되었으며, 하느님은 그 이름 안에서 당신 백성과 함께하신다는 것을 드러내십니다(이사 42,8; 52,6; 예레 50,34). 하느님은 광야 여정 중에 구름과 불기둥의 표징 안에 계셨고, 후에는 계약의 장막, 그다음에는 지성소에 머무르십니다. 성전이 파괴된 후에도, 하느님은 당신 백성 가운데 현존(*schechina*)하심으로써 당신 백성과 함께하셨습니다. 하느님의 이름은 당신 백성에게 언제나 실제적인 현존을 드러내는 힘이었습니다.

타오르지만 불타 사라지지 않는 떨기나무 앞에서, 모세는 하느님의 신비한 현존을 경험합니다. 떨기나무가 타오르는 곳은 거룩한 땅이어서, 모세는 신을 벗고 얼굴을 가려야 했습니다(탈출 3,2-5). 성경이 말하는 거룩함은 세상의 다른 존재와 구별되는 하느님의 실재를 나타냅니다. 거룩한 하느님의 실재는 바로 여기에 드러나지만, 세상의 다른 존재와는 완전히 다른 방식으로 드러나기 때문에, 인간은 그 실재를 완전히 파악할 수 없습니다. 종교학자 루돌프 오토는 '두렵고 매혹적인 신비'(tremendum fascinosum), 곧 사람을 끌어들이고 매혹하면서 동시에 완전히 다른 존재로서 두려움과 경외심을 불러일으켜 거리를 두게 하는 신비에 관해 말합니다. 성경에 드러난 모세의 태도가 바로 그러합니다. 모세는 가시덤불 앞에서 두려워하고 경외하는 태도로 하느님께 경배를 드렸습니다.

유다인들은 하느님의 이름을 거룩하게 여겼습니다. 하느님의 현존이 하느님의 이름 안에 드러난다고 생각했기 때문입니다. 유다인들은 하느님의 이름을 함부로 부르지 않았습니다. 그들은 하느님을 부를 때, 나의 주님(*Adonai*)이라는 호칭으로 바꿔 부르거나, 혹은 이름(*Haschem*)이라고만 불렀습니다. 그들은 이름 안에 지극히 거룩한 하느님이 현존하신다고 믿었습니다. 하느님의 이름은 당신 백성과 그 이름을 부르는 각 개인의 삶에 활동하시는 하느님의 역사적이고 실제적이고 신비로운 현존을 뜻했습니다.

시편 저자도 주님의 이름을 부르며, 주님께 찬미와 찬송을 드렸습니다. 시편 저자는 하느님의 이름으로 백성에게 복을 빌어 주고, 하느님의 이름을 부르는 이는 구원을 받으리라고 확신했습니다(시편 129,8 외). 이러한 전통은 그리스도교의 기도, 특히 전례 기도로 이어집니다. 우리는 "성부와 성자와 성령의 이름으로"라는 말로 기도를 시작합니다. 이렇게 우리는 하느님의 이름을 통해 하느님이 현존하시길 청하고, 하느님의 현존 안에서 기도를 드립니다. 우리는 "성부와 성자와 성령의 이름으로" 서로에게 복을 빌어 주며, 하느님의 도우심을 청하는 모든 이와 공동체에게 하느님의 현존을 전합니다. 우리는 미사 행렬 전에도 이렇게 외칩니다. "우리의 도우심은 주님의 이름에 있으니!"(시편 124,8) 혹은 "주님의 이름으로 나아갑시다"(Procedamus in nomine Domini)라고요. 이 환호에는 하느님께서 우리와 함께하시기를, 우리의 길에 동행해 주시기를 바라는 마음이 담겨 있습니다.

하느님의 이름을 부당하게 불러서는 안 된다

하느님 이름의 거룩함을 생각하면, 십계명 중 제2계명의 뜻이 분명해집니다. 우렛소리와 함께 번개가 치던 날 시나이산에서 하느님은 이스라엘 백성에게 십계명을 주시며(탈출 20,2-17; 신명 5,6-21) 다음과 같이 말씀하십니다. "주 너의 하느님의 이름을 부당하게 불러서는 안 된다. 주님은 자기 이름을 부당하게 부르는 자를 벌하지 않은 채 내버려 두지 않는다"(탈출 20,7; 신명 5,11). 하느님의 이름은 하느님의 현존을 드러내니, 부당하게 불러서 욕되게 하지 말라는 뜻입니다.

고대 사람들은 마법과 주술을 사용하여 함부로 신의 이름을 불렀습니다. 그들은 신의 이름을 부르며 마법과 주술로 거룩한 신을 이용해 보려 했습니다. 남을 위한 축복이든, 남에게 내리는 저주든 자신의 목적을 위해 신을 제 마음대로 하려는 것이지요. 그들은 마법으로 건강, 사업의 성공 같은 유익을 얻거나, 누군가에게 저주를 내리기 위해 신을 조종하고 싶어 합니다. 이러한 일이 오늘날에도 일어납니다. 오늘날에도 일어난다는 정도가 아니라, 사실 오늘날 더 자주 일어납니다. 우리가 흔히 생각하는 것보다 주술적이고 비의적인 행위가 오늘날 널리 행해지고 있습니다.

일반적으로 이 둘째 계명은 저주를 금하는 계명으로 이해됩니다. 부주의하고 경솔하게, 제어되지 못한 분노 속에서 하느님의 이름을 부르지 말라는 것이지요. 사람들은 특히 갑작스러운 놀라움이나 분노를 표현할 때, 하느님의 이름을 왜곡된 방식으로 부릅니다. 자신의 공격적인 감정을 분출하는 방식으로 말입니다. 예기치 못한 놀라운 일, 불쾌한 일이 갑자기 일어났을 때, 사람들은 그 일을 의식적이든 무의식적이든 어떤 선악을 관장하는 힘이 작용한 것으로 봅니다. 그래서 사람들은 이때 특정 성인의 이름을 부르거나, 직접 하느님의 이름을 부르는 것입니다. 이렇게 사람들은 하느님의 이름을 두려움도 없이 평범하고 하찮은 것으로 만들어 버립니다.

더 나쁜 것은 하느님의 이름을 자신의 이익을 위해서 사용하는 것입니다. 그렇게 사람들은 하느님을 국가의 것이든, 개인의 것이든 현세의 이익을 위한 잡신으로 만들어 버립니다. 사람들은 하느님의 이름으로 전쟁을 일으키고, 또

많은 사람을 죽였습니다. 십자군 전쟁 같은 몇몇 전쟁은 거룩한 전쟁, 즉 성전聖戰으로 선언되기도 했습니다. 사실 모든 종교전쟁은 종교를 나쁜 의도로 이용한 결과입니다. 결과적으로 종교전쟁은 종교를 해치는 전쟁입니다. 안타깝게도 많은 그리스도인, 혹은 자신을 그리스도인으로 여긴 많은 사람이 '하느님이 이 전쟁을 원하신다'라고 생각하며 십자군 전쟁을 벌였습니다. 순전히 역사적으로만 생각한다면 이해할 여지가 없는 것은 아닙니다만, 근본적으로 이 관점은 정당화될 수 없습니다. 세상에 거룩한 전쟁은 없습니다. 이데올로기의 실현을 위해 하느님의 이름을 함부로 불러선 안 됩니다. 개인적·정치적·경제적 이익을 교묘히 감추고, 그것을 신의 이름으로 관철하려는 것은 정말 혐오스러운 일입니다.

하느님의 이름을 왜곡해서 부르는 가장 나쁘고 혐오스러운 일은 하느님의 이름으로 사람들을 굴복시키고 억누르는 일입니다. 하느님의 이름으로 사람들이 노예가 되거나 심지어 죽임을 당하기도 합니다. 이러한 일은 비단 오늘날의 일만은 아닙니다. 인류 역사에서 자주 일어나는 일입니다. 마르틴 부버는 하느님이야말로 가장 오용된 단어라고 말합니다. 오늘날에 이르기까지 전 인류 역사의 핏자국이 하느님이라는 단어에 남아 있기 때문입니다. 그리스도교를 포함한 모든 종교가 늘 평화의 도구인 것은 아닙니다. 종교는 자주 신의 이름으로 야만적인 폭력을 저질러 왔습니다. 하느님의 이름으로 폭력을 정당화해선 안 됩니다. 그것은 위선이고 거짓입니다. 아무리 경건한 이유를 들이댄다고 해도, 폭력은 신에게 전적으로 반하는 일입니다.

하느님의 이름을 거룩하게 하다

하느님의 이름을 함부로 부르는 것이 얼마나 경악할 만큼 비열한 짓인지를 알아야, 주님의 기도에 나오는 "아버지의 이름이 거룩히 빛나시며"라는 기도가 얼마나 절박한 기도인지 이해할 수 있습니다. 이 간청에는 진정한 종교적 인간이 지닌 근원적 원의가 드러납니다. 즉, 하느님의 이름과 종교의 이름으로 어떠한 폭력과 악행도 저지르지 않겠다는 원의입니다. 하느님은 주 하느님이십니다. 개인의 이익이나 챙겨주는 잡신이 아닙니다. 주님의 기도는 더 깊은 뜻을 담고 있습니다. 하느님의 이름이 거룩해져야 하며, 하느님의 이름이 우리가 사는 이 세상에 현존하여 그 이름의 가치가 드러나야

하고, 세상 사람들이 그 이름에 존경과 경외를 표해야 합니다. "주님의 이름은 찬미받으소서"(시편 113,2).

 이러한 청을 주님의 기도는 수동형으로 표현합니다.◆ 하느님의 이름을 거룩하게 하라는 것은 계명이 아니라 "아버지의 이름이 거룩히 빛나시"길 바라는 하나의 청원입니다. 성경은 하느님의 행위를 묘사할 때, 인간이 주체가 되는 능동형을 쓰지 않고 수동형을 씁니다. 하느님만이 당신 이름을 거룩하게 하실 수 있습니다. 아무도 하느님의 이름을 더럽히는 잘못된 의미를 모두 없앨 순 없습니다. 아무도 하느님의 이름을 잘못 사용하여 생기는 어이없는 악을 완전히 제거할 수 없습니다. 잘못된 의미와 잘못된 사용을 완전히 뿌리 뽑아 그 거룩한 이름 안에 하느님을 현존하게 하는 일은 인간에게는 불가능한 일입니다. 오직 하느님만이 당신을 하느님으로 계시하며 당신의 이름을 거룩하게 하실 수 있습니다.

 예수님은 밭에서 가라지를 뽑으려다가, 밀까지 뽑아 버리

◆ 독일어 주님의 기도는 '거룩하게 하다'(heiligen)라는 동사의 수동형으로 "당신의 이름이 거룩하게 되시며"(Geheiligt werde dein Name)라고 표현하지만, 한국어 주님의 기도는 '거룩하게 빛나다'라는 자동사를 사용한다. '빛나다'는 수동형이 아니지만, 거룩히 빛나게 하는 주체가 인간이 아니라 하느님이라는 의미에서, 수동적 의미를 지닌다고 이해할 수 있다 - 역자 주.

지 말라고 경고하십니다(마태 13,29). 아무리 순수한 종교적 동기라도 질서를 바로잡기 위해 폭력을 행사한다면, 그 행위는 가장 나쁜 형태의 폭력이 됩니다. 그러한 폭력은 피와 눈물로 끝날 뿐입니다. 상황은 그 일을 행하기 전보다 훨씬 더 나빠집니다. 오직 하느님만이 당신의 명예를 회복하시고, 당신의 영광을 드러내실 수 있습니다. 오직 하느님만이 하느님의 이름으로 저지른 모든 잘못, 무례함, 뻔뻔함과 냉소를 멈추실 수 있습니다. 우리는 단지 기도 속에서 청을 드릴 뿐입니다. 하늘에 계신 우리 아버지, 당신의 거룩함을 드러내소서. 모든 이에게 당신 영광을 보이소서.

예수님은 이렇게 기도하십니다. "아버지, 아버지의 이름을 영광스럽게 하소서"(요한 12,28). 예수님은 십자가에서 돌아가시기 전날 이 기도를 드리며, 당신의 부활과 승천을 미리 내다보셨습니다. 부활과 승천은 죄와 죽음을 이겨 낸 결정적 승리입니다. 이로써 하느님 나라와 하느님의 정의가 시작됩니다. 하느님은 예수님의 죽음과 부활로 당신의 이름을 거룩하게 하시고, 당신이 하느님이심을 드러내 보이셨습니다. 하느님은 폭력을 사용해 당신의 이름을 거룩하게 하시지 않습니다. 예수님은 폭력을 당했을 때 폭력으로 되갚지 않고, 오히려 모든 폭력을 당신 몸으로 받아들이셨습니다. 하느님께 대한 순종으로 하느님 아버지께 영광을 드리고 세상을 구원하셨습니다.

우리가 주님의 기도를 드리며 "아버지의 이름이 거룩히 빛나시"길 기도할 때, 우리는 예수님과 함께 예수님의 이름으로 기도합니다. 하느님의 이름을 헛되이 내세우며 자행된 폭력의 희생자들, 그리고 그런 폭력에 대항해 싸우는 모든 이를 위해 기도합니다. 우리는 기도합니다. 하느님, 당신의 이름을 드러내소서. 이 세상에 당신의 현존을 드러내소서. 당신의 거룩함과 영광을 만백성 앞에 밝히 드러내소서. 하느님, 당신의 이름 안에 당신의 현존을 드러내소서. 우리가 걸어가는 모든 길에 우리와 함께하소서.

하느님의 이름을 거룩하게 함, 그리스도인의 일치 그리고 창조를 향한 경외심

예수님은 하느님의 이름이 거룩하게 빛나시길 피상적으로 기도하시지 않았습니다. 예수님은 매우 구체적으로 기도하셨습니다. 십자가 죽음을 앞두신 예수님은 하느님의 이름을 알게 된 제자들이 부디 하느님의 이름 안에서 보호받고, 진리로 거룩해지길 기도하셨습니다(요한 17,6.11-12.17.19). 예수님은 당신 제자들에게 일어날 분열을 예견하시고, 그들이 하나 되기를 기도하셨습니다. 예수님이 아버지와 하나이듯, 세상이 하나 된 제자들을 보고, 하느님 아버지가 예수님과 제자들을 사랑한 것을 알게 해 달라고 말입니다(요한 17,11.21-23). 제자들의 일치로 하느님의 이름과 당신의 내적 본질인 사랑(1요한 4,8)이 드러나 세상에 현존하게 됩니다. 우리 그리스도인에게 지워진 이 책임을, 우리는 얼마나 제대로 수행하고 있는지요? 우리 안에 얼마나 많은 불화와 분열, 반목과 투쟁, 험담과 시기가 있는지요? 우리의 일치 속에서 하느님의 이름이 드러나야 합니다. 우리의 분열은 교회 안팎의 많은 사람을 불쾌하게 하며, 이로써 사람들이 하느님을 잘못 생각하게 만들어 버립니다. 그리스도인의 분열은 세상이 하느님을 믿지 못하게 만드는 역겨운 일입니다. "당신의 이름이 거룩히 빛나시"길 바라는 기도는 간절한 외침입니다. 하느님, 당신의 이름, 당신의 사랑이 드러나는 데 방해되는 모든 것을 치워 버리소서. 우리 그리스도인들이 일치를 이루어, 세상이 당신을 믿게 하소서.

이러한 간절한 외침은 하느님이 우리를 진리로 거룩하게 해 주십사는 청원이기도 합니다(요한 17,17). 우리는 오늘날 하느님을 두려워하는 것, 즉 경외를 다시 배워야 합니다. 하느님을 경외함이 지혜의 근원입니다(시편 111,10; 잠언 1,7; 9,10). 거룩한 하느님에 대한 경외가 사라지면, 하느님의 형상을 지닌 인간에 대한 경외도 사라집니다. 경외가 사라진 세상에는 더 이상 아무것도 거룩하지 않습니다. 모든 것이 아무래도 상관없는 일, 예사롭고 시시한 일이 되어 버립니다. 인간은 경외심이 사라진 세상, 사람들 간의 경외심과 존경심, 신중함과 예의가 사라진 세상에서 더는 인간적인 삶을 살아갈 수 없습니다. 그러니 하느님과 하느님의 이름을 거룩하게 해 달라는 기도는 인간의 삶을 거룩하게 해 달라는 기도이기도 합니다. 인간의 가치가 존중받아, 곤궁과 핍박 속에 고통받는 사람들이 하느님의 이름으로 인간으로서의 존엄한 삶을 살도록 도와달라는 뜻이기도 합니다. 마지막으로 하느님의 이름을 거룩하게 해 달라는 기도는 하느님의 놀라운 작품이며 모든 인간의 공동의 집인 피조물 전체를 경외심을 가지고 대하겠다는 기도이기도 합니다. "살아 있는 사람은 하느님의 영광이다." 2세기 말 리옹의 주교이자 위대한 교부 이레네우스의 말을 되새깁니다.

우리는 세상과 인간을 위해서 하느님의 이름을 다시 불러야 합니다. 우리는 미사 때 하늘의 모든 천사와 함께 소리 높여 온 누리의 주 하느님께 "거룩하시도다, 거룩하시도다, 거룩하시도다"라고 세 번 반복해 찬양합니다(묵시 4,8). 이 찬송은 그리스도인들의 일치, 사람이 살기에 더 좋은 세상을 만드는 일과도 깊이 연결됩니다. 이 모든 바람이 주님의 기도에 담겨 있습니다. "아버지의 이름이 거룩히 빛나"시길 바라는 이 첫째 청원이 이후에 이어지는 다른 청원들의 기초가 됩니다. 이 첫째 청원은 이제 바로 다음 기도로 이어집니다. "아버지의 나라가 오시"기를 바라는 기도입니다.

아버지의 나라가
오시며

첫째 청원과 "아버지의 나라가 오시며"라는 둘째 청원이 이어집니다. 하느님 나라의 도래는 예수님 선포의 중심이자 핵심 주제입니다. 많은 주해자가 이 둘째 청원을 주님의 기도의 핵심이라고 말합니다. 이 둘째 청원에서 주님의 기도 전체를 밝히는 빛이 비춰 옵니다. 이 청원은 다음과 같은 철학적 질문에 대한 답을 줍니다. 우리는 무엇을 희망할 수 있습니까? 우리가 희망이라는 것을 가져도 되고, 가질 수나 있습니까? 이 세상에 희망이 어디에 있습니까? 모든 것이 절망적이지 않습니까? 내일이면 죽을 터이니, 그냥 먹고 마시며 즐기는 게 좋지 않을까요?(1코린 15,32).

예수님의 복음 - 하느님의 나라가 가까이 왔다

왕국은 오늘날 대부분의 사람에게 희망의 징표가 아닙니다. 우리는 역사적 경험 때문에, 왕국과 제국에 큰 의구심을 품게 되었습니다. 성경이 하느님의 왕국이 온다고 말할 때, 이 말이 어떤 뜻인지 정확히 알아듣는 것이 중요합니다.

하느님 왕국이란 개념은 성경에 늦게 등장합니다. 처음에는 "하느님은 왕이시다"라는 말밖에 없었습니다(시편 22,29; 103,19). 이 말은 '하느님의 왕국'을 뜻하는 게 아니었습니다. 개인사나 공적인 일에서 하느님께서 언제나 주인이 되신다는 뜻이었습니다. 다윗의 왕국이 우여곡절 끝에 세워진 후에 하느님의 통치는 백성 전체와 연결되었고, 다윗이 하느님의 통치를 대리하는 자로 등장했습니다(시편 89편). 다윗의 왕국이 멸망한 후에는, 세상 끝 날에 이루어질 하느님 나라, 세상 전체를 아우르는 평화의 왕국을 예언자들은 선포하기 시작했습니다(이사 2,1-5; 52장; 54장; 60장 외). 마지막 대 예언자인 다니엘 시대에 와서야 세상의 왕국과 완전히 대비되는 하느님 왕국, 세상 종말에 완성될 하느님 나라에 대한 표상이 나오기 시작합니다. 이 왕국은 인간의 손으로 세우는 왕국이 아닙니다. 하느님이 손수 세우시는 왕국입니다. 모든 왕국은 무너지지만, 하느님의 왕국은 끝없이 영원할 것입니다(다니 2,36-45; 참조: 7장; 8장).

하느님 나라가 오기를 간절히 바라는 사람들의 희망은 구약시대가 끝나 갈 무렵 더욱 강해졌습니다. 나라는 외세에 짓밟혔고, 지도자들은 외세에 빌붙었습니다. 따를 만한 지도자가 없는 백성은 점점 더 큰 곤궁에 빠졌습니다. 이러한 때에 정치적 메시아를 향한 기대가 곳곳에서 생겨났습니다. 하지만 소박하고 경건한 이들은 정치적인 메시아가 아니라 하느님이 내미실 손길에 희망을 걸었습니다. 이 간절한 희망은 오늘날 대림절 성가에도 드러납니다. "오, 구세주여, 하늘을 열어 주소서." "하늘은 이슬비처럼 의인을 내려 다오."

백성이 품은 오랜 갈망 속에서 예수님이 나타나셨습니다. "때가 차서 하느님의 나라가 다가왔습니다. 여러분은 회개하고 복음을 믿으시오"(마르 1,15; 참조: 마태 4,17). 예수님이 이렇게 말씀하셨을 때, 그 말씀이 사람들에게 얼마나 큰 위안과 감격을 주었을지, 우리는 이제 이해할 수 있습니다. 이 기쁜 소식에 사람들은 열광했습니다. 사람들은 예수님께 떼 지어 모여들었습니다. 예수님의 기적은 예수님이 율법 학자들과는 달리 권위를 가지고 가르치는 분임을 알게 했습니다(마르 1,27).

하지만 열광은 오래가지 않았습니다. 율법 학자와 바리사이들은 예수님께 등을 돌리기 시작했습니다. 그들은 예수님의 가르침, 특히 안식일 규정을 거스르는 예수님의 행동을 죽을죄로 여겼습니다(마르 3,1-6). 백성들도 곧 실망했습니다. 예수님이 약속한 하느님 나라는 정치적인 왕국이 아니었기 때문입니다. 예수님은 모두가 풍족하게 사는 지상의 왕국도, 모두가 무사태평하게 사는 낙원도 약속하지 않았습니다. 예수님은 정치적 메시아가 되려 하지 않았습니다. 예수님은 말씀하십니다. "황제의 것은 황제에게 돌려주시오. 그러나 하느님의 것은 하느님께 돌려드리시오"(마르 12,17). 예수님은 세상 법정에서 다투는 송사에 개입하길 원하지 않았습니다(루카 12,14). 잡히신 날 밤 예수님은 흥분해 날뛰는 베드로를 질책하셨습니다. "칼을 칼집에 도로 넣으시오. 칼을 잡는 자는 모두 칼로 망하는 법입니다"(마태 26,52; 요한 18,11). 빵을 많게 하신 기적 후에, 예수님은 빵이나 많게 만드는 왕이 되길 원하지 않았습니다. 당신께 중요한 것은 언젠가 썩어 없어질 지상의 빵이 아니라, 영원한 생명을 주는 빵이었습니다. 생명의 빵을 먹는 이는 결코 굶주리지 않고, 더는 목마르지 않을 것이며, 영원히 살 것입니다(요한 6,22-59).

예수님에게 하느님 나라의 도래는 하느님이 이 세상에

오심을 뜻합니다. 하느님 나라의 도래는 회개 그리고 믿음과 연결됩니다. "여러분은 회개하고 복음을 믿으시오"(마르 1,15). 회개는 근본적 변화를 뜻하며, 믿음은 온전히 하느님을 향하는 것을 뜻합니다. 믿음은 하느님 안에서 굳건히 서고, 먼저 하느님 나라와 의로움을 찾는 것입니다(마태 6,33). 어느 것도 하느님 나라보다 더 중요하게 여겨서는 안 됩니다(루카 9,60). 믿음은 무엇보다 온 마음을 다해 하느님을 사랑하고 이웃을 내 몸같이 사랑하는 것입니다. 이런 사랑이 있는 곳에서 하느님 나라가 시작됩니다(마르 12,30; 마태 22,37). 회개와 믿음 속에서 하느님의 다스림이 시작됩니다. 바로 거기에 하느님 나라가 있습니다.

우리 안에서 신비로이 시작되는 하느님 나라

예수님은 하느님 나라가 무엇인지 정확히 말씀하시지 않았습니다. 예수님은 사람들에게 익숙한 비유를 들어 말씀하셨습니다. 씨 뿌리는 사람의 비유, 겨자씨의 비유, 누룩의 비유, 밀 사이에 난 가라지의 비유, 밭에 묻힌 보물과 소중한 진주의 비유가 그 예입니다(마태 13장; 마르 4장; 루카 8장). 하느님 나라는 처음에는 숨겨져 보이지 않고 자주 핍박을 받지만 결국에는 풍성한 열매를 맺습니다. 결국 모든 어려움을 이겨 내고 큰 나무로 성장하여 그 가지가 온 세상을 덮게 됩니다.

예수님은 비유뿐 아니라 당신의 행적으로도 하느님 나라를 보여 주셨습니다. 예수님은 다리 저는 이들, 눈먼 이들, 나병 환자들을 고치셨습니다. 악령 들린 사람을 치유하시고, 죽은 이를 살리셨습니다. 예수님의 치유는 하느님 나라의 소식이 결국 사람을 살리는 하느님에 관한 소식임을 알려 줍니다. 복음서에 나오는 하느님 나라는 생명이라는 단어로 이해해도 될 정도로, 두 개념은 밀접히 연결되어 있습니다. 예수님은 세상을 심판하러 오신 것이 아니라, 세상을 구원하러 오셨습니다(요한 12,47). 예수님은 사람들이 생명을 얻게 하려고 세상에 오셨습니다(요한 10,10).

예수님은 하느님 나라와 그분의 의로움에 관해 말씀하십니다(마태 5,20; 6,33). 율법 규정을 잘 지킨다고 의로운 것이 아닙니다. 하느님의 의로움은 구체적인 상황에서 사람들에게 자비를 베푸는 것입니다. 그러한 의로움이 우리를 의롭게 만듭니다. 예수님의 적대자들은 "안식일이 사람을 위해서 생겼지, 사람이 안식일을 위해서 생기지 않았"(마르 2,27)다는 예수님의 안식일 해석에 분개했습니다. 그들은 예수님을 죽이려고까지 합니다. 하느님 나라의 복음은 더 크고 새로운 의로움을 전하는 복음입니다. 하느님 앞에서 누리는 자유로운 삶을 전하는 기쁜 소식입니다.

예수님은 죄인 취급을 받고 차별당하는 사람들과 음식을 나누셨습니다. 이는 모든 이가 하느님 나라에 초대받았다는 것, 이 초대에는 아무도 제외되지 않는다는 것을 보여 줍니다. 예수님의 파견이 처음에는 이스라엘 백성을 위한 것이었다 해도, 예수님은 이스라엘 백성에 속하지 않은 이방인을 만나시면서, 그들도 하느님 나라에 들어갈 수 있다고 분명히 말씀하셨습니다. 카파르나움의 백인대장(마태 8,5-13), 시리아 페니키아 여자(마르 7,24-30) 그리고 야곱의 우물에서 만난 사마리아 여인에게도 그리하셨습니다(요한 4,1.39). 하느님 나라가 오리라는 예수님의 말씀은 이스라엘 백성을 넘어 온 세상에 전해졌습니다. 예수님과 함께 세상에 온 생명의 빛(요한 8,12; 9,5)은 이 세상 모든 이를 비춥니다(요한 1,4.9).

하느님 나라의 도래를 예수님이 어떻게 이해하셨는지는 산상 설교의 참행복 선언에 가장 잘 드러납니다(마태 5,3-11; 루카 6,20-23). 위대하고 부유한 사람, 힘세고 빛나는 사람이 행복한 것이 아니라, 가난하고 슬픈 사람, 순수한 마음을 가진 사람, 폭력을 쓰지 않고 자비를 베푸는 사람, 평화를 사랑하고 정의를 위해 일하다가 박해받는 사람들이 행복하다고 예수님은 말씀하십니다. 마리아는 마니피캇에서 이 기쁜 소식을 미리 노래합니다. "그분이 당신 팔로 힘을 행사하시어 그 심사 교만한 자들을 흩으셨도다. 권세 부리는 자들은 권좌에서 내치시고 비천한 이들은 들어올리셨"습니다(루카 1,51-52). 지혜롭고 슬기롭다는 자들이 아니라 목소리 없는 작은 이들이 하느님 나라의 복음을 이해하고 받아들입니다(마태 11,25-26). 이렇게 하느님 나라의 복음은 사람들이 일반적으로 생각하는 행복을 넘어섭니다. 하느님 나라의 도래는 세상의 일반적인 질서와 가치 체계를 바꾸어 놓습니다. 처음부터 끝까지 철저히 바꾸어 놓습니다.

하느님 나라에 관한 복음에는 일종의 역설이 드러나는데, 다음과 같은 구절에서 특히 잘 드러납니다. "하느님 나라는 지켜보는 가운데 오는 것이 아닙니다. 또한 '보라, 여기 있다' 혹은 '저기 있다'고 말할 수도 없을 것입니다. 보시오, 사실 하느님 나라는 이미 여러분 가운데 있습니다"(루카 17,20-21). 그렇습니다, 하느님 나라는 우리 가운데 있습니다. 가난하고 슬피 우는 사람들 가운데, 폭력을 행하지 않고 평화를 사랑하는 사람들 가운데, 하느님의 뜻을 행하려다 박해받는 사람들 가운데, 정의와 자유를 위해 일하는 사람들 가운데 하느님 나라가 있습니다. 그러나 하느님 나라는 이 세상의 방식으로 존재하지 않습니다. 하느님 나라를 전하는 복음은 번영을 약속하는 복음이 아닙니다. 주님의 기도에서 우리가 바라는 하느님 나라는 경제적인 번영을 이루는 나라가 아닙니다. 과학기술이 만들어 내는 진보와 성공을 약속하는 나라도 아닙니다. 하느님 나라는 외적인 권력과 화려함이 펼쳐지는 나라도 아니고, 국가 간의 경계와 크기를 다투는 그런 나라도 아닙니다. 하느님 나라는 모든 국경을 뛰어넘습니다. 하느님 나라는 겸손하게 와서, 누구에게도 굴종을 강요하지 않습니다. 하느님 나라는 모든 이에게 의로움을 베풀어, 모든 이가 그 안에서 의롭게 됩니다. 하느님 나라는 그리스도인의 자유 안에서 얻게 되는 빛과 생명입니다.

성령 안에 계신 예수 그리스도
- 한 인격 안에 드러난 하느님 나라

하느님 나라에 관한 복음에 반대하는 이들은 처음부터 있었습니다. 아우구스티누스는 인류 역사를 두 왕국의 싸움으로 해석했습니다. 이는 실제로 대립하는 이원론적인 원리가 있다는 뜻이 아니고, 실제로 세계 안에 두 왕국이 있다는 뜻도 아닙니다. 자기에게 함몰된 사랑과 하느님 사랑, 이렇게 두 종류의 사랑이 있다는 뜻입니다.

신약은 다니엘서와 에녹서의 묵시론적 표상을 받아들여, 대천사 미카엘이 타락한 천사들과 벌인 태초의 싸움을 기술합니다. 타락한 천사들이 싸움에서 패한 후에는 마귀 혹은 사탄이라 불리는 큰 용이 온 세상을 타락하게 하고, 하느님의 말씀에 순종하는 사람들과 싸움을 벌입니다(묵시 2,7-9.13-18; 유다 1,6.9). 그는 하느님의 말씀이 자라는 밀밭에 가라지를 덧뿌리는 자입니다(마태 13,23-30.39). 그는 거짓말의 아비로, 모든 진리와 가치를 왜곡하고 거짓말로 혼란을 야기합니다(요한 8,44). 그는 불화와 분열을 일으킵니다. 그는 교만과 오만에 가득 찬 파렴치한 존재이지요. 이러한 악은 자신을 부풀리는 과대망상에도 있고, 소소한 일상적인 악과 편협함 속에도 있습니다. 그 악은 우리 모두에게 있습니다.

예수님은 공생활 초기에 사십 일을 단식하신 후 사탄의 세 가지 유혹을 이겨 내셨습니다(마태 4,1-12). 제자들의 보고를 들으실 때, 예수님은 "사탄이 번갯불처럼 하늘에서 떨어지는 것을" 보십니다(루카 10,17-18). 예수님은 하느님의 손가락, 즉 하느님의 힘으로 마귀를 쫓아내시고, 당신 자신을 마귀를 제압하는 강한 자로 드러내 보이십니다(루카 11,20-22). 예수님은 십자가의 수난과 죽음으로 모든 악의 비참함을 스스로 짊어지셨습니다. 그리고 마침내 예수님은 당신 부활로 모든 악을 이겨 내셨습니다. 예수님은 죽은 이들 가운데서 첫째로 부활하시어(1코린 15,20), 죽음의 독침을 빼내시고, 죽음의 공포를 지워 버리셨습니다(1코린 15,54-55). 그리하여 우리는 하느님의 자녀가 누리는 참된 자유를 누리게 되었습니다(갈라 2,4; 4,5.9; 5,1). 생명과 진리 그리고 사랑으로 다스리는 하느님 나라는 십자가에서 돌아가시고 부활하신 예수 그리스도 안에서 결정적으로 드러났습니다. 그래서 오리게네스는 예수 그리스도를 인격 안에 현존하는 하느님 나라라고 부를 수 있었습니다.

성령강림 때 성령이 내려오심으로써 예수를 그리스도로 믿어 고백하는 모든 이에게 하느님 나라가 열리기 시작합니다(사도 2,1-13). 하느님 나라는 먹고 마시는 일이 아니라 의로움과 평화와 성령 안에서 누리는 기쁨입니다(로마 14,17). "영의 열매는 사랑, 기쁨, 평화, 인내, 친절, 착함, 신용, 온유, 절제입니다"(갈라 5,22-23). 하느님 나라는 '진리와 생명의 나라요 거룩함과 은총의 나라이며 정의와 사랑과 평화의 나라'입니다(그리스도 왕 대축일 감사송). 하느님 나라는 성령 안에 계신 예수 그리스도를 통해서 드러난 그분의 오심, 세상 안에 현존하심입니다. "선과 사랑이 있는 곳에, 주님이 계십니다" (독일 성가집 442).

교회 안에 있는, 그리고 교회를 넘어서는 하느님 나라

하느님 나라는 지상의 교회와 분명 같지 않습니다. 하느님 나라는 제도 교회가 아닙니다. 우리는 교회를 거룩하다고 말합니다. 하느님의 거룩한 영이 교회 안에 거하시기 때문입니다. 이에 우리는 교회를 이 지상에 펼쳐질 하느님 나라의 새싹, 그 시작이라고 말합니다. 교회는 완성될 하느님 나라를 언제나 갈망하고 있습니다. 지상의 교회는 또한 죄인들의 교회입니다. 애통할 만큼 많은 죄악이 있어, 교회 안팎으로 많은 사람에게 걸림돌이 될 수도 있습니다. 지상의 교회는 늘 쇄신해야 합니다. 교회의 진정한 대표자는 성인들입니다. 교회가 공식적으로 성인품에 올린 성인뿐만 아니라, 하느님만이 아시는 성인도 포함됩니다. 아우구스티누스는 교회를 혼합된 사회(societas mixta)라 불렀습니다. 암브로시우스는 아가를 주해하며(아가 1,5), 교회가 바로 아가에 나오는 여인처럼 '가뭇하지만 어여쁘다'(nigra, sed formosa)라고 말합니다. "아버지의 나라가 오시며"라는 기도는, 하느님 나라의 아름다움이 교회 안에 선명히 드러나길 바라는 기도입니다. 교회가 실제로 하느님의 집, 하느님이 거하시는 성전으로 보일 수 있도록 말이지요.

하느님 나라의 복음은 우리의 시선이 제도 교회의 한계에만 머물지 않게 합니다. 하느님의 영은 불고 싶은 곳으로 붑니다(요한 3,8). 아우구스티누스가 말한 것처럼, 밖에 있다고 여겨지지만 실제로는 안에 있는 사람들이 있고, 안에 있다고 여겨지지만 실제로는 밖에 있는 사람들이 있습니다. 아벨이 하느님 앞에 의롭게 된 것만 봐도 알 수 있듯, 교회의 역사는 참으로 오묘한 방식으로 흘러왔습니다. 거룩한 이방인도 있습니다. 하느님은 성령을 통해 모든 이에게 다가가십니다. 모든 이는 자신의 양심에서 하느님의 목소리를 듣고, 무엇이 선하고 악한지 구별해 냅니다(로마 2,14-15). 남이 자신에게 해 주기를 바라는 그대로 남에게 해 주라는 황금률은 모든 사람의 마음에 새겨져 있습니다. 이것이 바로 율법과 예언서가 가르치는 바입니다(마태 7,12; 22,40). 이 양심의 소리를 듣고, 하느님의 영이 이끄시는 대로 살려 애쓰는 이는 누구나 구원을 얻고 하느님 나라에 들어갈 수 있습니다. 그는 하느님 나라의 시민(civitas)이 됩니다. 그러므로 '하느님 나라가 오길' 바라는 우리의 기도는 선한 의지로 살아가는 교회 밖의 사람들을 위한 기도이기도 합니다. 우리는 이 세상에서 정의와 평화를 위해 헌신하는 모든 이를 위해 기도해야 합니다. 그들은 산상 설교가 말하는 참으로 행복한 사람들입니다(마태 5,9-10).

하느님 나라가 오길 기도하고, 하느님 나라를 경축하고 증거함

우리는 무엇을 할 수 있을까요? 하느님 나라를 우리 손으로 만들 수는 없습니다. 우리는 하느님 나라를 일으키거나 조직할 수 없고 강요할 수도 없습니다. 금욕적인 노력과 경건한 수행으로 하느님 나라를 가져올 수 없습니다. 오직 하느님만이 하느님 나라를 오게 하실 수 있습니다. 하느님 나라는 새싹이 움터 나와 자라듯 자라납니다. 씨앗에서 싹이 터서 자라나는데, 사람들은 어떻게 그리되는지 모릅니다(마르 4,26-29). 정치나 종교적 신념에 함몰된 이들이 이 지상에서 하느님 나라를 세우려 했지만, 그들의 시도는 언제나 폭력으로 끝났습니다. 그들이 이 땅에 세우려 했던 것은 천국이었지만, 만들어 낸 것은 결국 지옥이었습니다. 인간의 열망과 희망을 성취해 줄 하느님 나라의 도래를 위해서, 우리는 "하느님의 나라가 오길" 기도할 뿐입니다(마태 6,10; 루카 11,2). 라인홀트 슈나이더의 말처럼, "기도하는 자만이 우리 머리 위에 있는 칼을 멈출 수 있습니다".

예수님이 사람들과 나눈 만찬은 하느님 나라를 미리 보여 주었습니다. 수난 전 예수님은 다가올 하느님 나라를 미리 보여 주는 성찬례를 제정하시어, 이를 우리에게 유산으로 남겨 주셨습니다(마태 26,29; 마르 14,25; 루카 22,18; 1코린 11,26). 우리는 기쁘고 순박한 마음으로 이 성찬례를 거행하며(사도 2,46), 천사와 함께 주님을 찬미하고 "거룩하시도다. 거룩하시도다. 거룩하시도다"라고 노래합니다(묵시 4,8). 성찬례를 거행하는 우리 그리스도인은 저 앞을, 그리고 저 위를 바라보며 기도합니다. "아버지의 나라가 오길 빕니다!" 초대교회 신자들도 하느님 나라를 애타게 바라며 이렇게 기도했습니다. "마라나 타. 주님, 오십시오"(1코린 16,22; 묵시 22,20). "지체 없이 어서 오십시오"(『디다케』 10,6).

하느님 나라의 도래는 우리에게 큰 선물입니다. 우리는

선물이라는 말을 잘못 알아들어서는 안 됩니다. 아무것도 하지 않고 하느님 나라의 문이 열리기를 대기실에서 기다리듯 그저 기다리기만 하면 된다는 뜻이 아닙니다. 예수님은 하느님 나라의 도래를 선포하라고 제자들을 보내셨고(마태 10,7; 루카 10,9.11), 승천하시기 전에도 하느님 나라에 관해 제자들에게 자세히 말씀해 주셨습니다(사도 1,3). 사도행전은 하느님 나라를 선포하는 것이 사도들이 맡은 사명의 핵심이라고 말합니다(사도 8,12; 19,8; 20,25; 28,23.31). 하느님 나라를 선포할 사명은 오늘날에도 중요합니다. 교회의 본질은 선교입니다. 교회는 자기 자신에게만 집중해서는 안 됩니다. 교회는 자신의 자리에서 떨치고 일어나는, 늘 선교하는 교회여야 합니다.

모든 그리스도인, 특히 주교와 사제는 세례와 견진을 통해 하느님 나라를 증거하도록 부름 받았습니다. 선교는 강압적인 개종 운동이 아닙니다. 선교의 목적은 신자 수를 늘려 자신이 속한 종파의 자산과 권력, 영향력을 넓히는 데 있지 않습니다. 선교는 오직 하느님 나라와 인간의 구원을 위한 것이어야 합니다. 하느님을 위해, 세상과 인간의 구원을 위해 우리는 침묵해서는 안 됩니다. 하느님에 관해, 하느님 나라에 관해 우리는 계속 말해야 합니다. 많은 사람이 듣도록 지붕 위에서 선포해야 합니다(마태 10,27). "내가 복음을 전하지 않는다면 내게는 불행이 있을 것입니다"(1코린 9,16).

하느님 나라는 선포되는 것만으로 충분하지 않습니다. 하느님 나라는 받아들여져야 합니다(마르 10,15). 믿음 안에서 들은 말씀은 육화되어 사랑 안에서 열매 맺어야 합니다(갈라 5,6). 우리는 세상의 빛과 소금이 되어야 합니다. 우리는 우리 믿음의 빛을 환히 비추어야 합니다. 사람들이 우리의 행실을 보고 하느님을 찬양하도록 말이지요(마태 5,13-16). 한 줌의 누룩으로도 큰 통에 담긴 밀가루를 부풀게 할 수 있습니다(마태 13,33). 그러니 주류에 들지 못하는 걸 두려워하지 마십시오. 복음은 우리가 주류가 될 것이라 약속하지 않습니다. 창조적인 비주류가 더 매력적입니다. 한 줌의 누룩처럼 사회 전체를 안에서부터 가득 채울 수 있습니다.

하느님 나라의 복음을 받아들이기 위해선 분명한 결단이 필요합니다. "주님, 주님"한다고 되는 것도 아니고, 무슨 대단한 일을 한다고 되는 것도 아닙니다(마태 7,21-23). 예수님은 우리에게 즉각적이고도 완전한 결단을 원하십니다. 아버지를 장사 지내거나, 가족들에게 작별 인사를 한다거나, 다른 일을 먼저 하려는 이에게, 예수님은 말씀하십니다. "누구든지 쟁기에 손을 얹고 뒤를 돌아다보는 사람은 하느님 나라에 합당하지 않습니다"(루카 9,59-62; 참조: 마태 8,21-22). 예수님은 단호하게 말씀하십니다. "당신의 손이나 발이 당신을 걸려 넘어지게 하거든 그것을 찍어 당신에게서 내던지시오. 당신의 눈이 당신을 걸려 넘어지게 하거든 그것을 빼어 당신에게서 내던지시오"(마태 18,8-9). 이 말을 예언자들이 사용하는 수사법이라고 이해해야지, 글자 그대로 이해해서는 안 됩니다. 이 말씀으로 예수님은 하느님 나라를 위한 결단은 온전하고 전적이어야 함을 알려 주십니다(마태 18,18-28). 복음적 권고에 따라 선택한 가난과 자발적 독신 그리고 공동체적 삶은 오늘날에도 여전히 하느님 나라를 보여 주는 예언자적 표징이 됩니다. 우리는 주님의 기도를 바치며, 하느님이 이 시대의 평신도, 수도자와 사제들 안에서 당신 나라의 힘 있는 증거를 일깨우시기를 기도합니다. 또한 우리에게 그러한 증거를 드러낼 힘을 주시기를 기도합니다.

시대의 징표 읽기

성령이 큰 바람 속에서 불 같은 혀의 형상으로 내려오실 때, 하느님 나라는 우리에게 왔습니다. 하느님 나라는 사실 조용한 바람처럼 옵니다. 엘리야가 체험한 것처럼 말입니다(1열왕 19,12). 하느님은 하느님 나라를 아무에게도 강요하시지 않습니다. 하느님은 강압적으로 이 세상과 우리의 삶에 들어오시지 않습니다. 하느님은 한없이 부드럽고 섬세하게 우리에게 말을 건네시며, 우리를 당신께로 초대하십니다. 하느님은 우리를 구원하시고자, 우리 마음의 문을 두드리십니다(히브 3,7; 묵시 3,20).

우리는 우리 안에 들려오는 소리에 귀 기울이며, '시대의 징표'도 읽으려 애써야 합니다(마태 16,4). 우리는 눈을 뜨고 마음을 열어 이 세상을 잘 살펴야 합니다. 분주함과 세상 속 소음 때문에 하느님이 문을 두드리시는 소리를 놓쳐서는 안 됩니다. 이 세상에서 하느님 현존의 흔적을 놓쳐서는 안 됩니다. 그래야만 우리는 각자의 상황에 맞게 하느님 나라의 복음을 예언자처럼 해석할 수 있습니다.

'시대의 징표'라는 말을 들으면, 사람들은 공포와 두려움을 자아내는 부정적이고 위험한 징표를 먼저 떠올립니다. 물론 그런 징표도 있지요. 하지만 불편하지 않은 조용한 표징도 있습니다. 하느님이 세상에서 물러난 시간, 하느님의 시간이 아닌 시간은 없습니다. 모든 시간은 하느님의 시간입니다. 그러므로 우리는 하느님의 나라가 오시길 기도할 때, 시대의 징표를 놓치지 않도록 기도해야 합니다. 그리고 이렇게 말해야 합니다. 잠에서 깨어날 시간입니다. 하느님의 나라가 가까이 왔습니다(로마 13,11-12). 주께서 오십니다. 어서 마중하러 나가십시오!(마태 25,6).

무시무시한 묵시적 표징을 보시며, 예수님은 말씀하십니다. "이런 일들이 일어나기 시작하거든 허리를 펴고 여러분의 머리를 드시오"(루카 21,28). 부정적인 표징이 보이더라도, 우리는 용기를 잃고 낙심해서는 안 됩니다. 고개를 떨구고 겁에 질려서는 안 됩니다. 그 반대입니다. '마음을 드높이'(Sursum Corda). 우리 그리스도인은 오히려 마음을 드높여야 합니다! 예수 그리스도 이후로 우리 그리스도인은 하느님의 나라가 온다는 약속을 믿고 살아갑니다. 세상 끝 날에 하느님 나라가 권능과 영광 안에 실현될 것을 믿고 살아갑니다. 그리하여 우리는 희망의 사람으로 머리를 높이 들 수 있습니다. 마지막 날에 하느님은 모든 것 안에서 모든 것이 되실 것입니다(1코린 15,28). 대림의 기쁨과 부활의 기쁨이 우리 그리스도인의 표지가 되어야 합니다. 이를 위해 우리는 주님의 기도를 바칩니다.

아버지의 뜻이 하늘에서와 같이
땅에서도 이루어지소서

주님의 기도에 나오는 셋째 청원은 "당신의 뜻이 이루어지소서"입니다. 이 청원은 하느님 나라가 오길 바라는 청원과 연결됩니다. 하느님이 주님이심을 인정하면, 이 기도는 자연스레 나오게 됩니다. 하느님의 다스림을 받아들이는 사람은 하느님의 뜻을 행합니다. 여기에서 한 가지 의문이 듭니다. 하느님은 우리를 자유로운 존재로 창조하시지 않았나요? 하느님의 뜻은 인간의 자기 결정권에 반하는 타율적인 요소 아닌가요? 게다가 이 복잡한 삶에서 하느님이 나에게 구체적으로 무엇을 원하시는지 어떻게 알 수 있습니까? 헤아릴 수 없는 하느님의 뜻을 우리가 어찌 알 수 있습니까?

삶의 이정표인 하느님의 계명

하느님은 우리를 당신과 닮은 모습으로 자유로운 존재로 창조하셨습니다(창세 1,27). 시편 저자는 노래합니다. "신들보다 조금만 못하게 만드시고 영광과 존귀의 관을 씌워 주셨습니다"(시편 8,6). 하지만 인간에겐 처음부터 넘지 말아야 할 선이 있습니다. 바로 인간은 하느님처럼 되려고 해서는 안 된다는 것입니다. 그 선을 넘는 것은 곧 죽음을 뜻합니다(창세 3,1-3). 인간은 피조물이 지켜야 할 선을 넘어, 신과 같은 절대적 주권을 가진 초인超人(Übermensch)이 되려 했기에, 그가 누릴 영원한 생명을 잃게 되었습니다. 카인과 아벨의 이야기가 보여 주듯, 초인은 스스로 주인이 되려다 남들의 적이 되고 맙니다. 그 결과는 혼돈입니다. 누구의 통제도 받지 않길 바라고, 스스로 주인이 되기를 바라는 초인은 결국 비인간적인 존재가 되어, 대홍수의 이야기가 보여 주듯, 세상을 멸망으로 이끕니다(창세 6-8장).

노아 이야기는 하느님이 세상을 혼란에 빠뜨리는 이야기가 아닙니다. 노아 이야기는 하느님이 노아와 새로운 계약을 맺으시어 보편적인 평화의 질서를 세우는 이야기입니다. 세상의 존속과 세상의 주기를 지켜 주시고, 이교인도 따를 수 있는 도덕률을 세우는 이야기입니다. 세상을 다스리는 일이 인간에게 맡겨졌습니다. 사람이든 동물이든 함부로 피를 흘리게 하지 말라는 금령은 모든 생명을 보호하라는 명령입니다(창세 9장). 인간에게 주어진 도덕률의 핵심은 황금률에 담겨 있습니다. 남이 자신에게 하지 않길 바라는 것은 남에게 하지 말고, 남이 자신에게 해 주길 바라는 것을 남에게 해 주라는 것입니다. 인류에게 잘 알려진 이 규칙은 모든 문화에서 다양한 방식으로 발견됩니다. 예수님도 산상 설교에서 이 황금률이 모세의 법과 예언자가 말한 것을 요약한다고 말씀하십니다(마태 7,12; 22,40; 루카 6,31).

인류가 지켜야 할 이 기본 규범이 구약시대에도 계속 다듬어져 두 석판에 십계명으로 새겨졌습니다. 이렇게 새겨진 십계명은 평화의 질서를 세우는 데 필요한 것입니다. 연로한 부모를 잘 돌보라는 계명은 온 세대를 아우르는 정의입니다. 다음으로 생명을 지키고, 가족과 혼인의 신성함을 보호하며, 개인의 삶에 필요한 재산을 보호하라는 계명이 이어집니다. 거짓 증언을 하지 말라는 계명은 비방과 무고한 사람을 살인죄로 모는 일을 금하여, 사람들이 진실과 신뢰를 바탕으로 살아갈 수 있도록 합니다. 이러한 계명은 — 오늘날 사람들이 흔히 말하듯 — 짊어져야 할 무거운 짐이 아닙니다. 이러한 계명은 인간의 기본적 인권이며 사회 평화의 기본 규범입니다. 하느님 앞에서 지켜야 할 의무를 담은 첫째 석판이 십계명으로 전해졌습니다. 그 계명들은 생명의 길로 안내하는 이정표로서 하느님이 인류에게 주신 계명입니다(탈출 20,1-17; 신명 5,6-21). 예수님은 이 계명을 받아들이시고, 이를 하느님 사랑과 이웃 사랑으로 요약하십니다(마태 22,34-40).

계명은 억지로 지우는 멍에나 감당하지 못할 짐이 아닙니다. 계명은 사람들이 함께 잘 어울려 살아가기를 바라는 하느님의 뜻을 드러냅니다. 하느님은 우리의 삶이 성공적이길 바라십니다. 하느님은 우리가 선하고 행복하게 살아, 우리가 모두 하느님 나라에 들어가길 원하십니다. 하느님의 다스림은 인간의 자율을 폐기하는 것이 아니라, 오히려 자율을 지켜 주고 완성합니다. 성경도 계명을 짐으로 여기지 않고, 감사와 기쁨으로 받아들입니다(시편 40,8-9). 하느님은 계명을 통해 우리의 길에 빛을 주십니다. 우리 발에 등불을 비춰 주십니다(시편 119,105).

나침판을 비유로 들 수 있겠습니다. 나침판은 우리가 가야 할 방향을 알려 줍니다. 하지만 나침판은 목적지까지 구불구불 이어지는 샛길까지 자세히 보여 주지는 않습니다.

계명은 말하자면 좌우에 있는 충돌 방지 벽 같은 것입니다. 이 충돌 방지 벽이 있어 우리는 올바른 방향으로 안전하게 달릴 수 있습니다. 예수님은 편협한 율법 해석을 비판하십니다(마태 11,28-30). 예수님의 이런 생각은 이후 바오로가 선포한 그리스도인이 누리는 자유의 토대가 됩니다(갈라 5,1.13). 그리스도인의 자유는 아무렇게나 하는 자유가 아닙니다. 그리스도인의 자유는 타인의 자유를 배려하고 존중하고 촉진하는 그런 사랑 안에서 실현됩니다(로마 12,9-21; 13,8-14; 1코린 13장; 갈라 5,22-23; 6,2). 사랑 안에 실현되는 자유의 길에서 개인을 위한 하느님의 구체적인 뜻과 소명이 무엇인지는, 오직 기도로 영적 식별을 할 수 있습니다(로마 13,2; 필리 1,9-10; 에페 5,17; 콜로 1,9). 우리는 주님의 기도를 바치며, 우리의 삶이 행복한 삶이 되길, 마지막에 복된 마침으로 끝나길 기도합니다.

하느님의 보편적 구원 의지

하느님의 뜻에 따르는 모든 삶의 길이 하느님의 보편적 구원 의지, 하느님의 장대한 구원 계획 안에 들어 있습니다. 우리 인간에게는 하느님의 구원 계획과 구원 의지가 숨겨져 있습니다. 하느님의 구원 계획은 처음에는 예언자들을 통하여, 이어서 예수 그리스도를 통하여 계시되었습니다. 에페소 신자들에게 보낸 편지의 시작은 이 내용을 다음과 같은 찬가로 요약합니다.

"그분은 세계를 창건하시기 전에 그리스도 안에서 우리를 뽑으시어 사랑으로 당신 앞에서 거룩하고 나무랄 데 없도록 하셨습니다. 그분은 또한 당신 뜻의 그 호의로 예수 그리스도를 통하여 우리로 하여금 당신의 아들 되는 자격을 얻도록 예정하시어 사랑받는 그이 안에서 우리에게 선사하신 당신 은총의 영광을 찬양하게 하셨습니다. … 그분은 우리에게 온갖 슬기와 깨달음의 은총을 넘치게 하시어 당신 뜻의 신비를 우리에게 알려 주셨습니다. 이는 당신 속으로 마음먹으신 당신 호의로 하신 것이니 역사를 완성으로 이끄시어, 하늘에 있는 것이든 땅 위에 있는 것이든 만물을 그리스도 아래에 모으시려는 것입니다. 그이 안에서 우리는, 당신 뜻으로 의도하신 대로 만물을 주재하시는 하느님께서 마음먹으시고 예정하신 덕분에 상속자로 뽑히기까지 하였습니다. 그리하여 당신의 영광을 찬양하게 하시려고 우리로 하여금 일찍부터 그리스도께 희망을 거는 사람들이 되게 하셨습니다. … 성령은 우리가 받을 상속의 보증으로서, 하느님의 차지인 우리가 속량되어 그분의 영광을 찬양하게 합니다"(에페 1,4-14).

우리는 이 찬송을 늘 새롭게 읽어야 합니다. 이 찬가의 풍요로움은 몇 마디 말로 요약되지 않습니다. 하느님은 아브라함을 부르시어 만백성의 축복이 되게 하심으로 구원 역사를 시작하셨습니다(창세 12,3). 예언자들은 세상 끝 날 모든 백성이 시온으로 오를 것이라 예언했습니다(이사 2,2-3; 미카 4,1-4). 하느님은 모든 이를 구원하시고자 합니다(1티모 2,4; 4,10). 하느님의 구원 의지는 하늘과 땅, 모든 만물을 향해 있습니다(묵시 4,11). 하느님은 마지막 날 새 하늘 새 땅을 이루실 것입니다(묵시 21,1). 하느님은 마침내 모든 것 안에서 모든 것이 되십니다(1코린 15,28). 성경이 말하는 것은 인간 이성이 단계적으로 이뤄 내는 질서도 아니고, 점진적 발전과 진보도 아닙니다. 성경이 보여 주는 길은 하느님이 전권을 가지고 행사하시는 자유로운 선택 안에서 이뤄지는 길입니다. 이 길에서 하느님은 당신 자신을 계시하시고, 모든 것에 스며든 사랑을 드러내십니다.

주님의 기도의 셋째 청원, 즉 하느님의 뜻이 하늘에서와 같이 땅에서도 이루어지길 바라는 이 기도는 모든 시공간을 포괄하는 보편적인 관점을 열어 줍니다. 이 셋째 청원은 하느님의 이름이 거룩히 빛나길 바라는 첫째 청원과 하느님의 나라가 오길 바라는 청원을 포함합니다. 셋째 청원은 영원한 하느님의 뜻이 우리를 포함한 모든 피조물에게 이루어지길 희망하는 간절한 기도가 됩니다. 우리가 "아버지의 뜻이 하늘에서와 같이 땅에서도 이루어지소서"라고 기도할 때, 우리는 세상을 구원하려는 하느님의 뜻이 이루어지기를 기도합니다. 우리도, 자주 혼란에 빠지는 이 세상도 마지막 날에는 하느님 나라에 이를 수 있기를 기도합니다.

이렇게 말하면, 모든 인간은 물론 악령도 마지막 날에 구원받는다는 종말론적 회복(Apokatastasis)을 떠올릴 수도 있겠습니다. 예수님이 심판에 관해 하신 말씀을 잊어서는 안 됩니다. 예수님은 하느님이 마지막 날 당신의 정의를 펼치시어, 선인과 악인을 구분하시리라 하셨습니다(마태 25장). 우리가 현세에서 하는 결정의 무게를 결코 가볍게 여겨서는 안 됩니다. 심판에 대한 가르침은 단순히 우리를 위협하기 위해 있는 것이 아닙니다. 심판에 대한 가르침은 우리를 위로하기 위한 기쁜 소식이기도 합니다. 심판에 대한 가르침은 우리에게 알려 줍니다. 악인과 폭력을 행하는 자의 결말이 좋지 않으리라는 것, 자신이 저지른 일에 책임을 질 마지막 때가 오리라는 것을요. 그 마지막 날에는 그들이 늘어놓은 모든 변명과 속임수가 드러날 것입니다. 그들이 쓴 가면이 벗겨질 것입니다. 마지막 날에는 정의가 부정을 이길 것입니다. 진리가 거짓을, 선함이 폭력을, 사랑이 죽음의 힘을 이길 것입니다. 우리는 마지막까지 희망할 수 있습니다. 하느님이 마지막 날에 모든 인간 안에서 좋은 것을 찾아내시고, 모든 이를 칭찬하시기를 말입니다(1코린 4,5). 어찌 될지 우리는 알 수 없습니다. 우리는 단지 주님의 기도에서 모든 이를 대신하여, 모든 인간을 위해 기도하며 희망할 뿐입니다.

하느님은 당신의 구원 계획을 이루실 때, 우리의 존재를, 그리고 우리의 자유를 진지하게 여기십니다. 하느님은 우리를 당신 왕국을 짓는 데 사용하는 일개 벽돌이나, 짐이나 짊어지는 가축으로 여기지 않습니다. 하느님은 우리를 당신의 협력자로 부르십니다(1코린 3,9; 2코린 6,1). 우리는 우리의 약함을 아시는 하느님께 도움을 청합니다. 우리 각자의 위치에서, 우리가 하는 소임 안에서 당신의 뜻이 드러나도록 기도해야 합니다. 이렇게 우리는 하느님의 뜻을 드러내면서 하느님 나라를 위해 일할 수 있습니다. 하늘에서와 같이 땅에서도 하느님의 구원 계획을 실현하는 데 기여할 수 있습니다.

왜 세상에는 악과 부당한 고통이 있는가?

하느님의 뜻을 아는 것도 힘들지만, 매 순간 하느님의 뜻을 받아들여 구체적인 상황에 적용하는 것은 더 어렵습니다. 세상에서 일어나는 모든 일이 하느님의 뜻일 수는 없습니다. 수많은 어린이와 죄 없는 이들이 겪는 고통을 우리는 받아들일 수 없습니다. 하느님을 위해서라도 우리는 그러한 고통에 항의하고 반대해야 합니다. 우리는 자주 하느님께 따져 물을 수밖에 없습니다. '하느님, 어떻게 이 비참한 일이 일어날 수 있습니까?' 우리에게 잔혹한 운명으로 여겨지는 큰 불행이 닥칠 때, 심각한 질병을 앓을 때나 사랑하는 사람을 잃었을 때, 우리는 묻게 됩니다. '제가 왜 이런 고통을 겪어야 합니까? 왜 이런 일이 저에게 일어납니까? 제가 무엇을 잘못했습니까? 왜, 도대체 왜 이런 고통을 제가 겪어야 합니까?'

"아버지의 뜻이 이루어지소서"라는 기도가 쉽게 나오지 않는 상황이 있습니다. 지난 세기 위대한 그리스도교 사상가이자 신학자인 로마노 과르디니는 우울에 시달린 말년에, 최후의 심판 때 하느님께 물어볼 몇 가지 질문이 있다고 했습니다. 왜 죄 없는 수많은 아이들이 고통 속에 죽어야 하는가? 왜 수백만의 사람들이 잔인하게 고문을 당하고 죽어 가는가? 왜 많은 사람이 심한 장애를 가지고 태어나는가? 왜 많은 아이가 학대를 당하고, 왜 수많은 여성이 능욕을 당해야 하는가? 왜 극심한 자연재해로 많은 사람이 죽고, 사람들이 힘들게 마련한 재산이 한순간에 사라지는가?

  이 질문들은 우리에게 삶의 더 깊은 심연을 보게 합니다. 고통을 야기한 인간의 악행에는 법적 책임을 물어야 합니다. 하지만 법적 책임을 묻는다고 해도 일어난 일을 되돌릴 수는 없습니다. 이때 심리적이고 사목적인 동반, 도움을 주는 연대가 반드시 필요합니다. 그러나 이러한 도움도 '왜'라는 근본적 질문에 대한 답을 줄 수는 없습니다. 이 질문은 신학에서도 가장 어려운 질문인 신정론神正論 문제입니다. 하느님은 왜 이 모든 것을 허용하실까? 이 질문과 대결한 구약의 인물이 고난받는 욥입니다. 그는 올바르고 정의로우며 신실한 사람이었습니다. 하지만 불행이 순식간에 그를 집어삼켰습니다. 그는 모든 재산을 잃고, 가족도 잃습니다. 그는 발바닥에서 머리까지 번진 부스럼으로 고통받으며 잿더미 속에 나앉습니다. 욥의 친구들은 욥에게 말하고 싶은 대로 말합니다. 그럴듯한 지혜랍시고 늘어놓는 그들의 신심 깊은 말은 고통받는 욥을 설득하지 못합니다. 결국 욥은 하느님과 시시비비를 가릴 수 없음을 깨닫습니다. 욥은 손을 입에다 대고 침묵합니다. 욥은 말합니다. "주님께서 주셨다가 주님께서 가져가시니 주님의 이름은 찬미받으소서"(욥 1,21).

이 마지막 문장까지 이르는 길은 많은 이에게 참으로 길고 험난한 길일 겁니다. "나의 하느님, 나의 하느님, 어찌하여 나를 버리셨습니까?"(마태 27,46; 마르 15,34)라는 예수님의 절규는 아마 대부분의 사람들 가슴속에서 터져 나오는 절규일 것입니다. 죽음의 순간 내뱉은 예수님의 이 절규는 시편 22편과 연결됩니다. 시편의 탄식은 희망적인 전망으로 이어집니다. "당신께서는 저에게 대답해 주셨습니다. 저는 당신 이름을 제 형제들에게 전하고 모임 한가운데에서 당신을 찬양하오리다"(시편 22,22-23). 이 전망은 그저 행복하기만 한 결말이 아닙니다. 예수님은 루카 복음에서 희망적인 전망을 다음과 같은 말로 표현하십니다. "아버지, 제 영을 당신 손에 맡기옵니다"(루카 23,46). 예수님은 당신의 죽음을 하느님 나라로 들어가는 것으로 이해하셨습니다(루카 23,42). 요한 복음에서 예수님은 당신 영을 넘겨주시고 숨을 거두시기 전 "다 이루어졌다"(요한 19,30)라고 말씀하십니다. 승리의 확신에 찬 예수님의 이 말씀은 당신 죽음의 깊은 의미를 드러냅니다. 예수님의 수치스럽고 잔혹한 십자가 죽음은 세상 구원을 바라시는 하느님의 뜻이 온전히 이루어졌음을 드러냅니다. 하느님의 뜻이 승리했음을 드러냅니다. "아버지의 뜻이 이루어지게 하소서"(루카 22,42).

아무리 믿음이 강해도 인간의 삶에는 대답할 수 없는 문제가 많습니다. 대답할 수 없는 질문에 대답하려고 애쓴다면 그것은 오만한 일일 겁니다. 차라리 욥처럼 입을 닫고 침묵하는 게 낫습니다. 십자가의 어두운 밤으로 침잠해 들어가, 거기서 인내를 다해 견디는 것이 낫지요. 겟세마니에서 "아버지의 뜻이 이루어지게 하소서"(루카 22,42)라고 기도하신 예수님처럼 기도할 수 있는 은총이 믿는 이에게는 주어집니다. 십자가와 십자가에서 돌아가신 예수님을 바라보며, 자신의 고난과 고통을 예수님처럼 하느님의 뜻으로 받아들이고, 자신의 고통을 타인을 대신해 짊어지는 고통으로 이해하는 은총 말입니다. 이 은총을 위해서 오직 기도할 수 있을 뿐입니다. "당신의 뜻이 이루어지소서"라는 기도는 극심한 고통의 순간에는 오직 은총의 선물로서만 가능합니다.

오늘 저희에게
일용할 양식을 주시고

기도의 둘째 단락에 이르러서야 "저희에게 일용할 양식을 주소서"라는, 세상의 관심사, 세상의 문제와 필요가 언급됩니다. 양식은 우리가 살아가는 데 반드시 필요합니다. 주님의 기도에서 양식은 인간이 살아가는 데 필요한 것, 즉 먹고 마시는 것, 쉴 수 있는 집, 추위와 더위에서 몸을 보호하고 인간의 품위를 지킬 수 있는 옷 등을 다 포함하는 의미로 쓰입니다. 양식은 자연에서 그냥 얻어지는 것이 아니라, 사회 안에서 얻어지는 것입니다. 따라서 일용할 양식을 구하는 기도는 인간 공동체의 기본적인 선에 참여하길 바라는 우리의 사회적인 요구도 담고 있습니다.

양식과 지상의 선 - 하느님 축복의 표현

예수님은 우리 인간에게 여러 가지 필요한 것이 있음을 알고 계십니다. 예수님은 분명히 말씀하십니다. 하느님 아버지께서는 인간이 삶을 영위하기 위해서 무엇이 필요한지를 잘 알고 계십니다(마태 6,32). 그러므로 우리는 일상의 염려와 관심사를 하늘에 계신 우리 아버지께 신뢰를 가지고 말씀드릴 수 있습니다. "저희에게 일용할 양식을 주소서"라고 기도할 수 있습니다.

이 기도를 드린다고 예수님이 우리의 모든 세상 걱정을 다 없애 주시진 않습니다. 이스라엘 백성에게 매일 아침 만나가 떨어지듯 그렇게 양식이 하늘에서 떨어지지 않는다는 것을 예수님은 잘 아십니다. 예수님은 양식을 얻기 위해 농부가 어떤 노력을 기울여야 하는지 비유를 통하여 자세히 묘사하십니다. 농부는 땅을 갈고, 씨를 뿌리고, 수확 후 타작한 곡식을 곱게 가는 일까지 해야 합니다. 성경은 우리가 일용할 양식을 얻기 위해 열심히 일하고 고생해야 한다고 말합니다. 얼굴에 땀을 흘려야 양식을 먹을 수 있다고 말합니다(창세 3,17-19). 성경은 빵을 굽고 집안일을 돌보는 주부의 수고를 잘 알고 있습니다(잠언 31,10-31). 성경은 "일하기 싫어

하는 자는 먹지도 말라"라고 분명히 말합니다. 이는 남의 희생에 빌붙어 무가치한 삶을 사는 이들을 꾸짖는 것입니다(1테살 4,11-12; 2테살 3,10-12). 우리가 미사 전례에서도 고백하듯, 성경은 양식이 인간이 땅을 일구어 얻어 내는 노동의 결과물이라는 것을 잘 알고 있습니다.

모든 농부는 열매를 맺는 과정에 아무리 애써도 통제할 수 없는 많은 요인이 개입한다는 걸 압니다. 무엇보다 날씨가 그렇습니다. 적절한 때에 비와 햇빛이 필요합니다. 그간 애쓴 모든 노력을 허사로 만드는 자연재해도 있습니다. 이러한 재해는 인간을 빈곤과 궁핍으로 몰아넣습니다. 오늘날 아프리카의 많은 지역이 사막화되는 것은 정말 큰 문제입니다. 사람들은 더 궁핍해지고 고향을 떠납니다. 전쟁은 또 어떻습니까? 전쟁은 농토를 폐허로 만들어 그곳에서 더는 농사를 짓지 못합니다. 이렇게 우리가 하는 일의 성패는 우리에게만 달려 있는 것이 아니라 하느님의 은총에도 달려 있습니다. 우리가 일용할 양식을 얻기 위해 기도해야 하는 이유입니다.

음식을 나누며 감사와 찬미를 드리는 것은 인류의 모든 문화사에서 발견됩니다. 예수님은 유다인의 식사 기도를 잘 알고 계셨고, 그 기도를 최후의 만찬 때도 바치셨습니다. 예수님이 바치신 기도는 그리스도교 전례와 식사 기도에도 들어오게 됩니다. "주 예수님, 어서 오시어 우리의 손님이 되어 주시고, 당신이 주신 모든 것을 축복해 주소서."

안타깝게도 우리는 일용할 양식이 있다는 게 얼마나 감사한 일인지 자주 잊어버립니다. 오늘날 많은 이가 음식이란 자판기에서도 쉽게 얻을 수 있는 정도의 것이라 여깁니다. 풍족하게 살며 남은 것을 함부로 버리는 사회에서는 별 생각 없이 음식을 버리지만, 저녁 뉴스가 전해 주는 세계의 소식만 봐도, 일용할 양식이 당연한 일은 아니라는 걸 알 수 있습니다. 제가 어릴 적에는 음식을 버리는 것이 죄라고 배웠습니다. 음식을 버리는 것은 하느님이 주신 선물에 감사하지 않는 것이며, 음식을 얻기 위해 쓰레기통을 뒤져야 하는 굶주린 이들에 대한 모독입니다. 굶주리는 사람이 사는 세상이 있고, 음식을 많이 만든 후 의도적으로 폐기하는 세상이 있다는 것은 우리 시대의 부끄러운 자화상입니다. 우리는 일용할 양식을 청하며, 주어지는 양식에 감사하는 법을 다시 배워야 합니다.

오늘날의 굶주림과 환대

주님의 기도 원문을 자세히 읽어 보면, 일용할 양식과 하느님 은총 사이의 관계를 더 구체적으로 알게 됩니다. '일용'을 표현할 때, 다른 곳에서는 사용하지 않는 에피우시오스 ἐπιούσιος라는 단어를 사용합니다. 번역하기도 쉽지 않습니다. '오늘' 우리에게 필요한 양식을 주시라는 기도로 번역할 수 있습니다. 이런 의미라면, 이 기도는 넘치도록 빵을 달라는 기도가 아니라, 오늘 우리가 하루 동안 먹고 살아갈 수 있는 최소한의 빵을 달라는 기도입니다. 이런 의미에서 이 기도는 아주 긴박한 상황에서 드리는 기도였을 것입니다.

신뢰할 만한 보고에 따르면, 전 세계에서 8억 1,500만 명이 극심한 굶주림에 시달리고, 1억 5,100만 명의 어린이가 영양실조에, 5,100만 명의 어린이가 기아에 시달립니다. 모든 이를 배부르게 먹일 수 있는 경제적·기술적 조건이 갖춰진 세계에서 이런 일이 일어나는 것은 참으로 부끄러운 일입니다. 이런 문제를 해결하는 데 기도가 도대체 무슨 소용이냐고 말해서는 안 됩니다. 기도는 곤궁에 처한 사람을 우선으로 도우려는 의지를 일깨우는 데 분명 도움이 됩니다. 주님의 기도를 드릴 때, 우리는 우리 자신만 생각해서는 안 됩니다. 굶주림과 목마름에 고통받는 사람을 위해 기도해야 합니다. 주님의 기도를 드릴 때, 우리는 세상의 모든 굶주리는 이를 위해 기도해야 합니다.

이 문제는 가난한 이에게 음식을 주거나, 음식을 사도록 돈을 주는 것만으로 끝나지 않습니다. 이는 인간의 존엄성의 문제입니다. 이 존엄성은 사람이 양식과 재화를 만드는 과정에 참여하여 제힘으로 양식을 구할 수 있을 때 생깁니다. 일용할 양식을 구하는 일은 가능한 한 모든 사람이 자신의 직업을 찾고, 사회적이고 문화적인 삶에 함께 참여하도록 하는 일을 포함합니다. 세상의 재화는 모든 이를 위해 있어야 합니다. 모두가 함께 준비한 식탁에 앉을 수 있어야 합니다.

히에로니무스는 소위 나자렛파 복음서라는 아람어본 유다계 그리스도교 외경 본문을 주해하는데, 여기서 '양식을 달라'는 기도를 다음과 같은 뜻으로 해석합니다. "오늘 우리에게 '내일'을 위한 빵을 주소서." 실제로 이 본문은 단편적으로만 전해지는데, 이 본문을 원래 기도에 더 가깝게 여기는 학자들도 있습니다. 이러한 의미라면 양식을 구하는 기도는 선교하는 이들의 상황과 연결됩니다. 선교 여행을 떠나는 이들은 여행 중에 먹을 양식을 가지고 다니든지 아니면 매일 다른 장소의 사람들이 자신을 환대하여 양식을 주리라는 것을 굳게 믿어야 합니다(마태 10,10-11; 마르 6,8-10; 루카 9,3-4). 오늘날에도 그렇지만, 환대는 고대 근동에서 매우 가치 있는 덕목이었습니다. 아브라함(창세 18장)이나 사렙타의 과부(1열왕 17,8-16; 루카 4,26)가 환대의 좋은 표양입니다.

우리는 박해의 상황도 생각해 볼 수 있습니다. 피난 중 안전한 곳을 찾고 도움을 받아야 하는 상황이 있습니다. 신약성경도 이에 관해 말하고 있습니다. 낯선 이와 박해받는 이를 환대하는 것은 고대 근동과 구약의 전통이었습니다. 예수님은 이렇게도 말씀하십니다. "너희가 한 낯선 이에게 해 준 것은 나에게 해 준 것이며, 너희가 그에게 해 주지 않은 것은 나에게 해 주지 않은 것이다"(마태 25,40.45). 예수님의 이 말씀은 수도 전통 안에서도 전해집니다. 수도자들의 아버지인 베네딕도 성인은 수도 규칙에서 낯선 이를 그리스도처럼 받아들이라고 말합니다. 이로써 성경과 초대교회가 전해 준 중요한 유산인 낯선 이에 대한 환대가 유럽과 전 세계로 이어집니다. 초대교회 때부터 행해 온 환대를 오늘날 어떻게 해석할지는 글자 그대로 해석하든, 비유적으로 해석하든 자명합니다. 그리스도교 문화권의 나라들이 전 세계적인 난민 문제에 직면해 이민자에게 길을 터 주기는커녕, 철조

망과 담장을 세우는 것은 참으로 부끄러운 일입니다.

주님의 기도에서 우리는 '나에게 내 빵을 주시길' 청하는 게 아닙니다. "우리에게 우리의 빵을 주시길" 기도합니다. 우리가 청하는 빵은 우리가 매일을 살아가는 데 필요한 빵입니다. 우리가 공정하게 나누어 먹어야 하는 빵입니다. 예수님은 현세의 일들에 너무 크게 걱정하고 불안해하는 이들을 꾸짖으십니다. 하지만 예수님의 말씀을 우리는 잘 알아들어야 합니다. 예수님은 말씀하십니다. "하늘의 새들을 눈여겨보시오. 그것들은 씨를 뿌리지도 않고 추수하지도 않을뿐더러 곳간에 모아들이지도 않습니다. 그러나 여러분의 하늘 아버지께서는 그것들을 먹여 주십니다"(마태 6,26). 새들조차 그리 잘 돌보시는 하느님이, 새보다 훨씬 더 귀한 인간을 얼마나 잘 돌보시겠느냐는 말입니다. 하느님은 모든 인간에게 충분한 빵이 돌아가도록 세상을 창조하셨습니다. "먼저 하느님의 나라와 그분의 의로움을"(마태 6,33) 찾으라는 말씀은 곳간에 쌓아 둘 게 아무것도 없는 가난한 이에게 하신 말씀이 아닙니다. 이 말씀은 부자들에게 하신 말씀입니다. 자신의 부를 쌓는 데 정신이 팔려 정작 하느님 나라와 그분의 의로움을 잊어버리는 부자들, 가난한 이가 찾아와도 빈손으로 돌려보내 계속 굶주리게 만드는 부자들 말입니다.

세상사 근심할 것 없다는 예수님의 말씀은 언뜻 보면 세상모르는 순진한 말씀처럼 들립니다만, 사실은 그렇지 않습니다. 예수님은 그 누구보다 세상과 인간의 삶을 현실적으로 보셨습니다. 예수님은 제 배만 채우는 부자와 그 부자의 집 앞에서 고통받는 라자로의 문제를 아셨습니다(루카 16,19-31). "오늘 저희에게 일용할 양식을 주소서"라는 기도는 우리가 궁핍한 이들을 식탁으로 초대하여 양식을 나눌 수 있도록 하기 위한 기도입니다. 양식을 청하는 기도는 우리의 공감하지 못하는 마음, 그 닫힌 마음을 열어 달라는 요청이 기도 합니다.

영원한 생명의 빵을 향한 갈망

몇몇 교부들은 양식을 청하는 기도를 조금 다르게 해석합니다. 그들은 이 기도를 성찬례와 연결지어, 오늘 우리에게 '내일의 양식'을 주시라는 기도로 해석합니다. 말하자면 다음과 같은 기도입니다. "오늘 우리에게 다가올 마지막 날에 얻을 생명의 빵을 주소서. 요한 복음이 말하는 우리에게 생명을 주는 빵, 우리가 이미 성찬례에서 미리 맛보는 그 생명의 빵을 주십시오"(요한 6,22-59 참조).

  양식을 청하는 기도를 이렇게 성찬례와 종말론적 의미와 연결하는 것은 언뜻 좀 억지스러워 보일 수도 있습니다. 하지만 당시 사람들에게는 결코 억지스러운 해석이 아니었습니다. 당시 경건한 유다인들이 그러했던 것처럼 예수님께는 일상과 천상이 서로 분리되지 않았습니다. 천상은 이미 이 세계 안으로 들어온 것이나 마찬가지였습니다. 예수님께 지상 만찬은 천상의 혼인 잔치를 미리 보여 주는 비유였습니다(마태 22,1-14). 예수님을 반대하는 이들은 예수님이 세리나 죄인들과 함께 음식을 나누시는 것을 보고 분노했습니다. 하지만 예수님은 지상의 만찬으로 종말론적 완성의 때에 행하게 될 만찬을 미리 보여 주셨습니다(마르 2,13-17; 루카 15,2). 예수님은 제자들과 나누는 최후의 만찬을 이렇게 이해하셨습니다. 예수님이 제자들에게 말씀하십니다. 파스카 축제가 "하느님 나라에서 다 이루어질 때까지, 나는 이 파스카 음식을 다시는 먹지 않겠습니다". "하느님 나라가 올 때까지, 나는 포도나무 열매로 빚은 것을 지금부터 결코 마시지 않겠습니다"(루카 22,16.18).

  많은 교부들이 빵을 청하는 기도를 성찬례 때 주어지는 영원한 생명의 빵과 연관 지었습니다. 영원한 생명의 빵으로 해석한다고 일용할 양식을 구하지 못해 굶주리는 사람들의 고통을 못 본 척해서는 안 됩니다. 일용할 양식을 공정하게 나누는 사회적 책무를 회피해서도 안 됩니다. 초대교회는 성찬례와 아가페(사랑의 만찬, 유다 1,12 참조)의 연관성을 잘 알고 있었습니다. 바오로는 주님의 만찬과 아가페 만찬을 뒤섞지 말고 구분하라고 했습니다. 물론 이 둘을 분리하라는 말은 아닙니다. 주님의 만찬 후에 이어지는 아가페 만찬에서 부자든 가난한 이든 부디 형제적 사랑으로 음식을 나누어, 가난한 이들이 부끄럼을 당하는 일이 없도록 하라는 말입니다(1코린 11,20-22).

요한 복음에 나오는 빵 이야기는 일용할 양식으로서의 빵과 성찬례의 빵 사이의 연관성과 차이를 가장 선명하게 드러냅니다. 우선 복음은 예수님이 오천 명을 먹이신 기적을 전합니다. 여자와 아이의 숫자를 뺀 숫자만 오천 명입니다. 빵을 많게 하신 이 놀라운 기적은 다가올 파스카 축제의 표징입니다. 예수께서 하신 감사기도는 파스카 축제와 성찬례의 기도와 연결됩니다(요한 6,1-15). 빵을 많게 하신 예수님을 사람들이 왕으로 모시려 할 때, 예수님은 이렇게 말씀하십니다. "썩어 없어질 음식을 얻으려고 힘쓰지 말고 길이 남아서 영원한 생명을 누리게 하는 음식을 얻으려고 힘쓰시오.

그것을 인자가 여러분에게 줄 것입니다"(요한 6,27). 예수님이 바로 생명의 빵이십니다. 예수님을 찾는 이는 더는 굶주리지 않을 것이며, 예수님을 믿는 이는 더는 목마르지 않을 것입니다. 이어지는 단락에서 예수님은 분명히 말씀하십니다. 예수님이 생명의 빵이시며, 예수님은 생명의 빵이신 당신 자신을 우리에게 주신다고 말입니다. 그 빵을 먹는 이는 죽지 않고 영원히 살 것입니다(요한 6,50-52).

일용할 양식을 청하는 것은 당연한 권리이자 정의로운 일입니다. 예수님도 이를 아십니다. 하지만 예수님은 말씀하십니다. "사람이 빵으로만 살지 못하고 하느님의 입에서 나오는 모든 말씀으로 살리라"(마태 4,4). 예수님을 따르던 사람들은 이 말을 들으려고도, 이해하려고도 하지 않았습니다. 그들은 투덜거리며 떠나갔습니다. 오늘날의 상황도 비슷합니다. 교회의 사회사업은 그런대로 세상의 인정을 받지만, 성찬례로의 초대는 별 호응을 얻지 못합니다. 예수님의 빵 이야기는 우리에게 이렇게 요구합니다. 일용할 양식을 걱정하느라고 근원적인 굶주림과 목마름을 잊어서는 안 된다고요. 참된 생명의 빵을 얻기 위해 예수 그리스도께 오십시오. 예수님은 생명의 빵이며, 그 안에서 당신 자신을 내어 주십니다. 이는 우리가 생명을 얻고 또 얻어 넘치게 하려는 것입니다(요한 10,10).

교회도 이 요구를 잘 들어야 합니다. 교회는 할 수 있는 최선을 다해 굶주린 이를 도와야 합니다. 하지만 교회가 사회 발전과 사회복지에만 관심을 가지고 영원한 생명의 빵을 나누고 복음을 전하는 일에는 소홀히 한다면, 이는 교회 본연의 사명을 저버리는 것이 됩니다.

주님의 기도를 바칠 때, 우리는 일용할 양식에 대한 걱정을 넘어서 영원한 생명의 빵을 향한 굶주림, 우리 영혼의 목마름을 잊지 않도록 해야 합니다. 예수님이 생명의 빵이십니다. 예수님은 성찬례를 통해 당신을 생명의 빵으로 우리에게 내어 주십니다.

저희에게 잘못한 이를
저희가 용서하오니,
저희 죄를 용서하시고

"저희 죄를 용서하소서"라는 주님의 기도는 우리 인간의 현실과 곤궁을 한 단계 더 깊이 드러냅니다. 그 기도는 인간 실존의 심연으로 우리를 이끌며, 동시에 용서하시는 하느님의 뜻, 그 끝없는 자비의 심연으로 우리를 이끕니다.

주님, 저희를 불쌍히 여기소서

"저희 죄를 용서하소서"라고 기도할 때, 우리는 우리 마음 깊은 곳을 아시는 하느님 앞에서 솔직해집니다. 하느님은 우리가 우리 자신을 아는 것보다 우리를 더 잘 아십니다. 하느님이 우리의 마음을 빚으셨으니, 우리 마음의 깊은 곳도 잘 아십니다(시편 33,15; 44,22). "주님, 당신께서는 저를 살펴보시어 아십니다. 당신 얼굴 피해 어디로 달아나겠습니까?"(시편 139,1.7). 거룩하고 자비로우신 하느님 앞에서 우리는 이렇게 고백합니다. "아버지, 제가 하늘과 아버지께 죄를 지었습니다. 이제 저는 아버지의 아들이라고 할 자격이 없습니다"(루카 15,18-19.21).

하느님께는 어떤 것도 숨길 수 없습니다. 모든 속임수는 하느님 앞에 드러나기 마련입니다. 우리가 사람들 앞에서 쓰는 가면들도 벗겨집니다. 나 자신을 속여 온 변명이 이제 더는 통하지 않습니다. 잘못은 언제나 남에게, 그것도 '저 위에 있는 분들'에게 있고, 나에게는 잘못이 없다는 변명 말입니다. 인간의 죄책감이 잘못된 교육과 사회화의 결과라는 이론도 통하지 않습니다. 사람들은 순전히 심리적 요인에 의해 죄책감이 생긴다고 말합니다. 물론 심리적인 요인도 없지는 않겠지요. 인간은 복잡한 요인으로 이루어진 존재이니까요.

하지만 하느님은 우리를 자유로운 존재로 창조하셨습니다. 바로 이것이 우리 인간의 존엄입니다. 죄가 전혀 없어야 한다는 신경증에 가까운 강박으로, 우리는 비겁하게 우리 자신의 책임에서 도피해 버립니다. 내가 저지른 잘못과 내가 소홀히 한 의무 앞에, 바로 나 자신 앞에 당당히 서지 못하고 비겁하게 자신에게서 도망쳐 버립니다. 우리가 솔직하다면, 다윗이 파렴치하고 비열하게 행동했을 때 나탄이 한 말을 자신에게 해야 합니다. "당신이 바로 그 사람입니다"(2사무 12,7). 우리에게는 "나는 불쌍한 죄인입니다"라는 고백만이, "하느님, 이 죄인에게 자비를 베푸소서"라는 간청만이 남아 있습니다.

예수님은 바리사이와 세리의 이야기를 들려주십니다. 두 사람이 성전에 올라갑니다. 바리사이는 앞에 서서 말합니다. "하느님, 당신께 감사드립니다. 사실 나는 강탈하는 자나 불의한 자나 간음하는 자 따위의 다른 인간들과는 같지 않을뿐더러 이 세리와도 같지 않습니다." 그는 그가 한 모든 일을 나열합니다. 그는 율법이 요구하는 것보다 훨씬 더 자주 단식하고, 자신의 수입의 십 분의 일을 성실히 바쳤습니다. 사람들은 그를 모범적인 사람으로 여길 겁니다. "그러나 세리는 멀찍이 서서 감히 하늘로 눈을 들 생각도 못하고 자기 가슴을 치며 '하느님, 이 죄인에게 자비를 베풀어 주십시오' 하고 말했습니다." 이어지는 예수님의 말씀은 우리를 놀라게 합니다. "저 사람과는 달리 이 세리가 의롭게 되어 자기 집으로 내려갔습니다"(루카 18,9-14).

이 비유는 자신을 의로운 사람으로 드러내려는 모든 시도가 얼마나 허망한 것인지를 보여 줍니다. 스스로 높이든, 남 앞에서 높이든, 하느님 앞에서 높이든, 그 어떤 것이든 말입니다. 우리에게는 오직 하나의 해결책밖에 없습니다. 우리의 죄와 잘못을 고백하고, 하느님의 용서와 자비에 자신을 맡기는 것입니다. 이 비유는 오직 하느님에 의해서만 이루어지는 죄인의 의화義化 문제를 다루고 있습니다. 그리스도인들은 이 의화 문제로 수백 년간 논쟁해 왔습니다. 이 비유는 하느님과 우리 사이의 관계를 말해 줍니다. 이 비유는 우리에게 어떻게 하느님 앞에서 "주님, 저희에게 자비를 베푸소서"라고 말할 수 있는지 알려 줍니다.

지금까지 말한 것으로는 우리가 처한 막막한 상황을 반 정도밖에 말하지 못했습니다. "우리 죄를 용서하소서"라고 기도할 때, 우리는 한 개인으로 하느님께 청하는 것이 아닙니다. 우리는 가족, 민족, 온 인류에 속해 있습니다. 우리 가족과 민족, 교회와 인류를 짓누르는 죄악의 역사에 우리도 속해 있습니다. 원하든 원하지 않든 우리는 이 역사와 관련되어 있습니다. 그 죄악의 역사는 우리의 어깨를 짓누릅니다. 바오로는 인간을 짓누르고, 모든 인간을 사로잡는 죄의 권세가 얼마나 큰지 말합니다(로마 1,18-3,19).

우리는 이미 일어났거나 지금 일어나는 끔찍하고 부끄러운 일에 개인적인 책임은 거의 지지 않습니다. 연대책임은 없습니다. 하지만 잘못에 대해 공동의 책임을 지려는 연대성은 있어야 합니다. 모든 민족과 모든 가정에는 힘든 사건이 일어난 어두운 시기가 있습니다. 다른 사람을 가리키며 "그들이라고 더 나을 것은 없어"라고 말하는 것은 아무런 소용이 없습니다. 교회 역사에서 일어난 여러 비극적인 일을 보며, 가톨릭과 정교회, 개신교가 서로를 비난하고 자신의 잘못을 남에게 전가하는 것은 별 도움이 되지 않습니다. 각자가 자신의 입장에서 바라보고 역사를 써 나가는 것은 어쩔 수 없는 일이긴 합니다. 마지막 심판은 마지막 날 산 이와 죽은 이를 심판하러 오실 그리스도께 맡겨야 할 것입니다.

　우리 자신에게 솔직해지고, 나의 잘못과 책임을 받아들이기는 쉽지 않습니다. 우리 삶은 물론 인류 전체를 짓누르는 죄의 무게를 함께 지는 것은 참으로 어렵습니다. 어떻게 그 무게를 견디며 살아갈 수 있을까요? 어떻게 우리는 이것을 이해할 수 있을까요? 해결책이 있긴 한가요? 희망이 있긴 합니까? 우리가 완전한 정의를 위해, 완전한 속죄를 위해 모든 잘못을 처벌하려 하면 새로운 잘못과 폭력이 일어날 것입니다. 폭력은 폭력을 낳습니다. 복수도 원래 폭력만큼

이나 심각한 폭력입니다. 어떻게 우리는 폭력의 악순환에서 벗어날 수 있을까요?

모든 걸 고려해 볼 때, 우리 상황은 절망적으로 보입니다. 우리가 찾을 수 있는 유일한 출구는 "키리에 엘레이손Kyrie eleison! 주님 우리를 불쌍히 여기소서", "주님, 저희에게 자비를 베푸소서"라고 외치는 것뿐입니다.

자비와 은총이 충만하신 하느님

이 말씀이 없었다면, 우리의 상황은 더 절망적이었을 겁니다. "주님, 당신께서 죄악을 살피신다면 주님, 누가 감당할 수 있겠습니까? 그러나 당신께는 용서가 있습니다." "주님께는 자애가 있고 풍요로운 구원이 있습니다"(시편 130,3-4.7). 자애라는 단어는 고대에 기품, 은총, 자비를 뜻했습니다. 하느님은 모세에게 당신 자신을 "자비하고 너그러운 하느님, 분노에 더디고 자애와 진실이 충만한 하느님"으로 계시하셨습니다(탈출 34,6). 이 구절은 성경 전체에 울려 퍼지는 후렴구 같은 것입니다. 우리는 거듭거듭 듣게 됩니다. 하느님은 세상의 심판자이십니다. 우리는 그 앞에서 우리가 한 일에 책임을 져야 합니다. 하지만 하느님은 은혜롭고 자비로운 심판자이십니다.

시편 51편은 하느님의 자비를 선명하게 드러냅니다. 시편은 다윗 왕의 기도를 전합니다. 예언자 나탄이 다윗의 죄를 꾸짖자, 다윗은 이렇게 기도합니다. "하느님, 당신 자애에 따라 저를 불쌍히 여기소서. 당신의 크신 자비에 따라 저의 죄악을 지워 주소서." 용서는 순수한 자애와 자비의 행위입니다. 우리는 용서를 받기에 합당치 않고, 우리의 노력으로 죗값을 치를 수도 없습니다. 하느님은 번제나 속죄 제물을 바라지 않으십니다. 하느님은 부서지고 꺾인 마음을 업신여기지 않으십니다. 시편이 말하는 용서는 깨끗하게 되는 것을 뜻합니다. 이는 겉으로만 '정결한 사람', 겉으로만 새로운 모습이 인정받는다는 뜻이 아닙니다. 용서에는 더 깊은 의미가 있습니다. 용서는 우리를 깨끗하게 만들고, 우리에게 깨끗한 새 마음을 줍니다. 죄인은 시편에서 이렇게 기도합니다. "하느님, 깨끗한 마음을 제게 만들어 주시고 굳건한 영을 제 안에 새롭게 하소서"(시편 51,12).

예수님은 하느님의 용서, 그 자비의 복음을 잃어버린 아들의 비유로 말씀해 주십니다. 물론 잃어버린 딸의 비유라 해도 됩니다. 실제로는 자비로운 아버지의 비유지요. 아들은 아버지가 물려준 재산을 모두 탕진해 버립니다. 우리는 이런 아들은 내쳐야 마땅한 아들, 다시는 얼굴을 보지 않아도 되는 아들이라고 생각합니다. 하지만 비유 속의 아버지는 완전히 다르게 행동합니다. 아버지는 멀리서 아들을 보자마자 아들에게 달려갑니다. 아들이 "아버지, 제가 하늘과 아버지께 죄를 지었습니다"라고 고백하기도 전에, 아버지는 아들의 목을 끌어안고 입을 맞춥니다. 아버지는 아들의 지위를 돌려주고 그를 위해 큰 잔치를 베풉니다(루카 15,11-32).

용서는 기쁨의 열매를 맺습니다. 이 비유에서 '기쁨'이라는 단어는 다섯 번이나 나옵니다. 용서의 복음, 복음의 기쁨이 무엇인지 이보다 더 명확히 드러내는 비유는 없습니다. 우리의 죄와 책임이 아무리 무겁다 해도, 우리가 회개하여 하느님께 돌아가려 한다면 하느님 아버지의 집은 늘 열려 있습니다. 회개할 필요 없는 의인 아흔아홉보다 회개하는 죄인 하나를 하느님의 천사들은 더 기뻐합니다(루카 15,10).

어떻게 그럴 수 있을까요? 용서할 수 없는 잘못이 있지 않나요? 계획적으로 조직된 대량 학살과 민족 말살, 짐승처럼 잔혹한 살인도 있지 않습니까? 터무니없는 부정과 착취도 있지 않습니까? 인간의 존엄성을 부정하고, 한 인간과 집단을 사회에서 배제하여 사회적인 죽음을 야기하는 거짓 선동은 어떻습니까? 트라우마를 남기고 삶을 망치는 학대와 폭력도 있지 않습니까? 이런 문제에 감히 마침표를 찍고, '이제 그만 잊어버리자'라고 말할 수는 없습니다. 아우구스티누스는 말합니다. 하느님은 우리 없이 세상을 창조하셨지만, 우리 없이 구원하시지는 않는다고요. 용서는 근원적인 회개와 선물로 주어지는 새로운 영과 마음 없이는 가능하지 않습니다(에제 36,26-27).

하느님은 이 새로운 창조를 위해 무언가 하셔야 했습니다. 제2이사야서에 나오는 주님의 종의 넷째 노래는 말합니다. 주님의 종은 우리의 죄를 짊어집니다. 우리의 악행 때문에 찔림을 당함으로 우리를 낫게 합니다(이사 53,5.11-12). 이러한 주님의 종으로서 예수님은 오셨습니다. 의로움을 이루시기 위해 예수님은 폭력을 행하는 가해자가 아니라, 폭력을 당하는 피해자의 편에 서십니다(마태 3,15). 예수님은 사람들을 대신해서 속전으로 자기 목숨을 내주러 오셨습니다(마르 10,45). 예수님은 하느님의 어린양으로 세상의 죄를 짊어지셨습니다(요한 1,29.36). 예수님은 우리의 죄와 죽음을 이기시려 몸소 굴욕적이고 비참한 십자가 죽음을 받아들이셨습니다. 우리의 죄를 용서하시길 하느님께 청할 때, 우리는 십자가 앞에서, 그리고 우리를 위해 십자가에 못 박히신 예수

님 앞에서 이렇게 고백합니다. '예. 그렇습니다. 당신은 우리를 위해, 바로 나를 위해 그리하셨습니다.'

예수님은 당신 죽음과 부활로 새로운 아담이 되셨습니다. 새로운 아담으로 완전히 새로운 시작이 가능해졌습니다(로마 5,15; 1코린 15,45-47). 완전히 새로운 시작은 오직 하느님만이 주실 수 있습니다. 토마스 아퀴나스는 말합니다. "죄 사함을 통한 새로운 창조는 하늘과 땅을 만드는 창조보다 더 위대한 하느님의 구원 업적이다." 죄 사함으로 우리는 성령 안에서 새로운 창조물이 됩니다(2코린 5,17; 갈라 6,15). 그리스도를 죽음에서 일으키신 하느님의 영은 우리 안에도 살아 계십니다. 하느님의 영은 우리를 죄의 노예에서 벗어나게 하고, 하느님의 자녀로서 누리는 자유로 우리를 이끄십니다. 성령 안에서 우리는 하느님을 '압바, 아버지'라 부릅니다. 우리 안에서 기도하시는 분은 성령이십니다(로마 8,14-15). 우리는 하느님의 자녀라 불릴 뿐 아니라, 실제로 그분의 자녀입니다(1요한 3,1).

우리가 주님의 기도를 바치며 "저희 죄를 용서"하시길 청할 때, 우리는 무릎을 꿇고 하느님의 권능을 찬양합니다. 상상조차 할 수 없는 큰 하느님의 사랑에 감사하며, 기쁨의 눈물을 흘립니다. 하느님은 참으로 은총과 자비가 충만하신 분이십니다(에페 2,4). 부활 찬송은 우리의 탓을 '복된 탓'(felix culpa)이라 부릅니다. 우리의 탓으로 구세주를 얻었기 때문입니다. 우리는 기쁨에 찬 감사를 드릴 뿐입니다.

용서하기 - 하느님께서 우리를 용서하셨듯이

용서를 청하는 기도가 얼마나 엄중한 기도인지, 주님의 기도 후반부를 보면 알 수 있습니다. 우리는 "저희에게 잘못한 이를 저희가 용서하오니"라고 기도합니다. 이 문장이 주님의 기도에 뜬금없이 들어온 게 아닙니다. 예수님이 전하는 복음은 명확합니다. 하느님이 자비로우신 것처럼 우리도 자비로운 사람이 되어야 합니다(루카 6,36). 산상 설교에서 기꺼이 용서하라는 요구는 원수를 사랑하라는 계명에까지 이르게 됩니다(마태 5,21-26). 베드로가 예수께 도대체 얼마나 용서해야 하느냐 여쭈었을 때, 예수님은 말씀하십니다. 한 번이 아니라 일곱 번, 아니 일흔 번을 일곱 번까지도 용서하라 하십니다. 무한정 용서하라는 말씀이지요(마태 18,21-22). 예수님은 끝없는 용서의 모범을 몸소 보이셨습니다. 예수님은 십자가에서 이렇게 기도하셨습니다. "아버지, 저 사람들을 용서하소서. 사실 그들은 무슨 짓을 하는지 알지 못하옵니다"(루카 23,34; 참조: 사도 7,60).

예수님은 하느님의 용서를 우리의 용서와 연결하시며, 매정한 종의 비유를 들려주십니다(마태 18,23-35). 이 비유에서 왕은 자신의 종과 셈을 하려 합니다. 일만 달란트 빚진 사람이 임금 앞에 끌려왔는데, 일만 달란트는 6천만 드라크마에 해당하는 감당할 수 없는 엄청난 금액입니다. 그가 빚을 갚을 길이 없었으므로 왕은 그와 그의 모든 가족과 재산을 팔아서 빚을 갚으라고 명령했습니다. 종이 왕 앞에 엎드려 빌자, 왕은 그를 측은히 여겨 그의 모든 빚을 탕감해 줍니다. 그런데 그 종은 집으로 가는 길에 자기에게서 백 데나리온을 빚진 다른 종을 만납니다. 백 데나리온을 빚진 종이 엎드려 간청했지만, 많은 빚을 탕감받은 종은 동료가 빚진 것을 갚을 때까지 그를 감옥에 가두었습니다. 이 이야기를 들은 왕은 매우 분노했습니다. "악한 종아, 네가 간청하기에 나는 너에게 그 빚을 모두 삭쳐 주었다. 내가 너를 불쌍히 여긴 것처럼 너도 네 동료 종을 불쌍히 여겨야 할 줄 몰랐더냐?"(마태 18,32-33). 왕은 진노하여, 빚진 것을 모두 갚을 때까지 그를 형리에게 넘겨주었습니다. 예수님의 말씀은 이렇게 이어집니다. "여러분이 각자 자기 형제를 마음으로부터 용서하지 않으면 하늘의 내 아버지께서도 여러분에게 그와 같이 하실 것입니다"(마태 18,35).

타인의 잘못으로 고통받고 있다면 이를 용서하는 것은 참으로 어렵습니다. 그리할 수 있는 것은 은총입니다. 용서는 고통받는 이에게도 좋은 일입니다. 용서는 자신을 피해자로 규정하는 생각의 감옥에서 풀려나게 합니다. 용서하는 이는 더는 내면의 분노와 격정, 원한과 상처에 함몰되지 않고, 미워하는 마음과 복수하려는 생각에서 벗어나게 됩니다. 그렇게 상처는 치유됩니다. 상처를 계속 마음에 담아 두는 것은 상처를 준 사람에게나 상처를 받은 사람에게나 좋은 일이 아닙니다.

원수를 사랑하라는 계명은 가장 어려운 계명입니다. 사람들은 이 계명을 불합리한 계명, 거의 불가능한 계명으로 여깁니다. 하지만 아닙니다. 원수를 사랑하라는 계명은 우리가 지킬 수 있는 가장 합리적인 계명입니다. 이 계명은 개인사에만 해당하는 것이 아닙니다. 정치적인 영역에도 해당됩니다. 모든 복수는 반작용으로 다른 복수를 부릅니다. 하나의 부정은 다른 부정을 낳습니다. 우리가 이 악순환에서 벗어나는 방법은 하나입니다. 우리는 자신의 어두운 그림자를 넘어서 새로이 시작해야 합니다. 그래야 함께하는 새로운 미래를 만들고, 평화 속에서 함께 살아갈 수 있습니다. 예수 그리스도를 모범으로 살아가는 그리스도인들에게 무자비한 처단은 어울리지 않습니다.

예수님의 가르침은 새로운 토론 문화와 갈등에 대한 새로운 접근으로 이어져야 합니다. 적을 없애기 위해서가 아니라 화해와 평화를 위해서입니다. 이 화해와 평화는 어떻게 가능합니까? 하느님의 힘과 용서의 은총으로 반대자들을 받아들일 때, 그 반대자들과 새로운 시작을 만들어 갈 때, 함께 살아가는 미래를 향해 걸음을 내디딜 때 가능해집니다. 산상 설교의 약속을 우리는 듣습니다. "복되어라, 평화를 이룩하는 사람들! 그들은 하느님의 자녀라 일컬어지리니"(마태 5,9). 우리는 주님의 기도를 바치며 하느님께서 우리에게 용서를 베푸시길, 또 용서할 수 있는 은총도 함께 내려 주시길 기도합니다.

저희를 유혹에 빠지지 않게 하시고
악에서 구하소서

기도의 마지막 청원인 "유혹에 빠지지 않게 하소서"라는 기도는 많은 질문을 낳습니다. 교부들과 중세의 위대한 신학자들이 이미 이 문제에 관해 논쟁했습니다. 하느님이 유혹에 빠지게 하시기라도 한다는 말인가? 야고보서는 말합니다. "아무도 유혹을 받을 때 하느님으로부터 유혹을 당하고 있다고 말해서는 안 됩니다. 하느님은 악으로부터 유혹을 당하실 수도 없고 또한 당신 자신이 아무도 유혹하시지 않기 때문입니다"(야고 1,13). 하느님이 인간을 유혹에 빠지게 하실 수 있는지에 대한 질문에 야고보서가 내놓은 대답은 분명한 '아니요'입니다. 마르틴 루터도 같은 생각이었습니다. 우리는 기도의 마지막 청원이 무슨 뜻인지, 또 우리에게 무엇을 말하고자 하는지 조금 더 신중히 물으려 합니다. 이 청원은 오늘날에도 우리에게 시사하는 바가 큽니다.

유혹 많은 세상에서 살아감

주님의 기도에 나오는 "우리를 유혹에 빠지지 않게 하소서"라는 청원은 우리 삶의 문제와 어려움, 우리가 직면한 위험을 정확히 지적하고 있습니다. 세상에 눈감지 않고 세상을 있는 그대로 보는 사람은 우리가 사는 세상에 참으로 많은 유혹이 있다는 것을 부인하지 못합니다. 유혹이라고 하면 흔히 성적인 유혹을 생각하지만, 더 나쁜 것은 이웃 사랑에 반하는 행동을 할 유혹입니다. 다른 이를 손해 보게 하면서 교묘히 자신의 이익을 탐하려는 유혹, 우리를 이용해 먹는 사람에게 복수하고 싶은 유혹 등입니다. 이는 대단한 행동이 아니라 날카로운 독설로도 이뤄집니다. 우리가 주변 이야기를 나쁜 의도로 떠벌리는 것만으로도 우리는 자신을 좋게 만들고 반대로 타인을 나쁘게 만드는 유혹, 타인을 비난하는 유혹에 빠지게 됩니다. 오늘날 많은 이를 괴롭히는 권력에 대한 유혹과 권력 남용, 그리고 돈에 대한 유혹도 빼놓을 수 없습니다. 하느님은 우리를 이 유혹에 빠지게 하시지 않습니다. 우리는 이미 이 유혹들 안에 살고 있습니다. 유혹이 없는 삶은 없습니다.

성경은 모든 비관론과 이원론을 배척합니다. 성경은 하느님이 만드신 세상이 참으로 좋았다고 말합니다(창세 1,31). 성경은 이 세상의 아름다움이 하느님의 아름다움과 영광을 드러낸다고 말합니다(시편 19,1-7; 지혜 13,1-9; 집회 17,8-9). 성경은 아름다운 것이 이 세상에 많다는 것을 알고 또 인정하고 있습니다. 아름다운 것뿐 아니라, 좋고 참된 것, 좋은 사람들, 그리고 훌륭하고 풍부한 삶의 경험이 이 세상에 있다는 것도요. 하지만 성경은 이 세상에 악이 있다는 것을 모르지 않습니다. 악은 우리를 선에서 벗어나 악에 빠뜨리려고 이 세상 안에 웅크리고 있습니다. 바오로 사도는 죄가 이 세상을 지배하려는 하나의 힘이라고 말합니다(로마 5,12.21). 요한 복음사가는 이 세상의 행실이 악하다고 말합니다(요한 7,7).

요한 복음은 심지어 이 세상의 두목이 악마라고 말합니다(요한 12,31; 14,30; 16,11; 1요한 5,19). 우리는 악마를 통속적으로 상상하듯 조야한 방식으로 이해해서는 안 됩니다. 우리가 생각하는 것보다 악마는 훨씬 영리하고 치밀하고 교활합니다. 악마는 빛의 천사인 것처럼 가장하여(2코린 11,14) 교활한 방식으로 으르렁거리는 사자처럼 누구를 삼킬까 하고 찾아 돌아다닙니다(1베드 5,8). 성경은 악마가 거짓의 아비라고 말합니다(요한 8,44). 악마는 모든 것을 왜곡하고 세상에 혼란을 일으켜 사람들이 무엇이 옳고 그른지, 무엇이 선하고 악한지 구별하기 힘들게 만듭니다. 요즘에 악마 운운하면 시대착오적이고 구식이라는 소리를 듣습니다만, 이 말이 담고 있는 내용의 진실성까지 부인하기는 힘들 것 같습니다.

예수님은 종말이 가까이 오면 혼란이 더 커질 거라 말씀하십니다(마태 24,1-25). 종말이 가까우면 전쟁과 기근이 덮칠 것입니다. 그리스도인들은 미움을 받고 박해를 받을 것입니다. 거짓 예언자들이 등장해 사람들을 현혹할 것입니다. 배교의 시기가 오고, 사람들은 하느님의 법을 따르지 않고, 사랑은 식어 버릴 것입니다. 사람들은 혼란에 빠져, 선한 사람들마저도 길을 잃을 위험에 처할 것입니다. 사람들은 이리저리 뛰어다니며, 여기에 혹은 저기에 메시아가 있다고 떠들어 댈 겁니다. 이러한 상황은 종말 때만 있는 것이 아닙니다. 우리는 예수님이 오신 후로 이미 종말을 살고 있습니다. 이러한 종말의 상황이 오늘날에도 유효하다는 걸 깨닫는 것과 종말을 두려워하는 비관주의자가 되는 것은 다른 문제입니다.

유혹에 빠지지 않게 하소서

사람들은 인간이 유혹에 빠지는 것이 하느님 때문이라고 생각합니다. 하느님이 인간에게 악을 선택할 수 있는 자유의지를 주셨고, 그 자유를 가지고 인간이 이 유혹 가득한 세상을 살아가게 하셨기 때문입니다. 사람들은 말합니다. 세계와 인간은 처음부터 잘못된 것이고, 예수님은 이 잘못된 것에서 우리를 해방하려 하신다고요. 이는 어처구니없는 말로, 신학적으로도 혼란을 일으키는 주장입니다. 하느님은 당신 모상에 따라 우리를 자유로운 존재로 만드셨습니다(창세 1,27). 하느님은 우리를 버튼만 누르면 작동하는 기계나, 반대로 본능으로만 움직이는 동물로 창조하시지 않았습니다. 하느님은 우리를 당신 모상에 따라, 스스로 책임질 수 있는 자유로운 존재로 만드셨습니다. 그 책임과 자유가 바로 인간의 위대함이자 존엄입니다. 하느님은 인간을 신들보다 조금만 못하게 만드셨다고, 시편 저자는 노래합니다(시편 8,6). 인간은 잘못 만들어진 창조물이 아닙니다. 인간은 하느님의 창조물 중에서도 가장 위대하고, 가장 놀라운 기적과 같은 작품입니다.

하느님은 우리에게 존엄을 주셨지만, 이와 함께 자유를 행사할 때 생기는 위험 또한 감수하셨습니다. 하느님은 우리가 이 자유의 위험을 감당하길 바라십니다. 위험이 없는 자유는 없습니다. 자유는 시련과 삶의 도전 속에서 자신의 가치를 입증합니다. 자유는 쉽지 않습니다. 자유는 어렵습니다. 자유는 편안한 것만 찾고 어려운 것을 피하려고만 하는 나약하고 무른 사람을 위한 것이 아닙니다. 시련의 불을 돌파해 보지 않은 사람은 아직 자신의 인간성을 완전히 파악하지 못한 사람입니다. 자신의 삶을 아직 제대로 살아 보지도 못한 사람입니다. 하느님은 우리의 시련을 면해 주실 수도 없고, 또 면해 주시길 원하시지도 않았습니다. 하느님은 인간이 가진 자유와 함께 자신에게 주어진 도전을 받아들이길 원하십니다. 하느님은 인간이 그 도전을 받아들이며 점점 더 성장하여 자신의 존재를 입증하기를 원하십니다(야고 1,2-4; 1베드 1,6-7).

이러한 시험 속에서 악은 인간을 유혹하는 힘으로 작용합니다. 악은 우리 인간에게 매혹적으로 보이기까지 합니다. 토마스 아퀴나스가 말하듯, 우리가 선이 아니라 악에 동의하고 악을 선택할 때 시험은 유혹이 됩니다. 당연히 하느님은 시험이 우리를 악으로 이끌길 원하시지 않습니다. 하느님은 우리가 시험 속에 도사리고 있는 유혹에 넘어가길 원하시지 않습니다. 하느님은 우리가 시험에 들어서도 죄를 짓지 않고, 자신을 입증해 내길 바라십니다. 유다인은 아침 저녁으로 이렇게 기도합니다. "저를 죄의 손아귀에 넘기지 마소서. 저를 죄의 권세에 넘기지 마소서."

이제 우리는 "우리를 유혹에 빠지지 않게 하소서"라는 기도의 뜻을 이해할 수 있습니다. 유혹이라는 단어를 그리스어로는 페이라스모스$_{πειρασμός}$, 라틴어로는 텐타티오$_{tentatio}$라고 하는데, 이 단어에는 이중의 의미가 있습니다. 하나는 악으로 이끄는 유혹이라는 뜻입니다. 주님의 기도에서 말하는 유혹은 이런 뜻이 아닙니다. 야고보서(1,13)는 물론 전통적 이해에서도 마찬가지입니다. 다른 하나는 일종의 시험으로, 성장하고 성숙할 기회와 도전으로서의 유혹입니다. 이러한 유혹은 인간이 피할 수 없습니다. 하느님은 이러한 유혹을 면해 주시지 않고, 원하지도 않으십니다. 아브라함(창세 22,1)에게도, 욥(욥 2,3)에게도 하느님은 유혹 자체를 면해 주시진 않았습니다. 하지만 하느님은 우리를 도우실 수는 있습니다. 하느님은 우리가 시험에 쓰러지지 않도록, 악을 행하려는 유혹에 지지 않도록 우리를 도우십니다.

주님의 기도를 바치며 우리는 하느님께 청합니다. "하느님, 우리 약한 인간을 도우시어, 시험이기도 한 이 시련이 우리를 악으로 이끌지 않게 하소서. 시련에서 우리를 지켜 주시어, 시련에 넘어지지 않게 해 주소서." 이것이 가톨릭 교리가 주님의 기도를 해석하는 방식입니다. 이 해석에 맞춰 최근에 이탈리아어, 스페인어, 프랑스어 주님의 기도 문구가 개정되었습니다.

바오로는 시련의 의미를 이렇게 요약합니다. 바오로는 우리가 이미 종말에 이르렀다고 말하며, 이렇게 당부합니다. "그러니 서 있다고 생각하는 이는 넘어지지 않도록 조심하시오. 여러분이 시련을 당한 것은 사실이지만 그것은 인간적인 시련에 불과했습니다. 그러나 하느님은 신의가 있으십니다. 그분은 여러분이 감당할 수 있는 것 이상으로 여러분이 시련을 당하도록 묵인하지 않으실 것이며, 오히려 시련과 함께 그것을 견디어 낼 방도도 마련해 주실 것입니다"(1코린 10,12-13). 그러니 우리는 신뢰를 가지고 기도합니다. "우리를 유혹에 빠지지 않게 하소서. 유혹 안에서도 우리를 이끌어 주소서."

악에서 구하소서

기도의 마지막 청원 중 첫째 부분인 "유혹에 빠지지 않게 하소서"를 이해했다면, 이어지는 둘째 부분, 즉 "악에서 구하소서"라는 기도도 잘 이해할 수 있습니다. 둘째 부분에서 우리는 시험이기도 한 시련 속에서 악이 우리를 지배하지 않기를, 하느님께서 우리를 악에서 구해 주시기를 기도합니다.

여기서 악이 악 자체를 뜻하는지, 아니면 악마 같은 구체적인 존재를 뜻하는지는 논쟁의 여지가 있습니다. 그리스어 본문이나 독일어 번역을 보면 두 해석 모두 가능합니다. 실제로도 악은 두 가지 뜻을 지닙니다. 악은 교묘하고 집요하게 우리를 옭아매는 힘입니다. 악은 고유한 지성과 목적의식을 가집니다. 악은 자유로운 존재와 유사한 존재 구조를 가지므로, 악을 단순히 비인격적으로 이해하는 것으로는 충분하지 않습니다. 그럼에도 우리는 악마에게 인간의 존엄성을 부여하지는 않습니다. 요제프 라칭거가 제대로 지적했듯이, 악마는 타락한 인격이며, 인격이 퇴락하고 희화화된 모습입니다. 악마는 기괴하고 광기에 차 있습니다. 자신을 하느님의 자리에 두려는 것은 참으로 어리석고 제정신이 아닌 짓입니다. 이 제정신이 아닌 짓, 즉 하느님과 같이 되어 선과 악을 스스로 결정하려는 것이 바로 인간이 태곳적부터 빠진 근원적인 유혹입니다(창세 3,5).

악이 아무리 강해도, 악이 이 세상에서 아무리 사납게 날

뛰어도, 악이 가장 강하지는 않다는 것을 기도하는 사람은 알고 있습니다. 하느님이 언제나 더 강하십니다. 하느님만이 악을 이길 힘을 가지고 계십니다. 하느님은 예수 그리스도 안에서 악을 이기셨습니다. 예수님은 공생활 전 광야에서 세 가지 유혹을 이겨 내셨습니다. 악마와의 싸움에서 승리하신 것이지요(마태 4,1-11). "우리의 대제관은 우리의 연약함을 동정하지 못하는 분이 아닙니다. 그분은 죄 외에는 모든 일에 우리와 마찬가지로 시험을 받으셨습니다"(히브 4,15).

십자가에서 싸움은 절정에 이릅니다. 예수님은 죽음을 받아들임으로써 이 세상을 지배하는 죽음의 권세를 몸소 짊어지셨지만, 마침내 죽음에서 부활하심으로써 죽음의 힘을 이기셨습니다. 천상과 지상, 지하계 모두가 예수님 앞에 무릎을 꿇고 이렇게 고백합니다. "예수 그리스도는 주님이시라고 고백하여 하느님 아버지께 영광을 드리게 하셨도다"(필리 2,10-11). 우리는 "악에서 구하소서"라는 기도를 드리며 예수님께 희망의 닻을 내립니다.

"유혹에 빠지지 않게 하시고 악에서 구하소서"라는 마지막 기도는 하느님 나라가 오기를 바라는 주님의 기도의 핵심을 구체화한 것입니다. 하느님 나라는 이미 구원된 중립적인 세상에 오는 것이 아닙니다. 하느님 나라는 요한 복음이 말하듯 여러 면에서 악한 세상, 우리를 악으로 유혹하는 그런 세상에 옵니다. 하느님은 유혹 자체를 없애시진 않습니다. 인간에게 선물로 주신 자유를 인간이 사용하길 바라시기 때문입니다. 하느님의 나라가 임할 때, 하느님은 우리를 도우십니다. 예수님과 함께 이 세상에 임한 하느님 나라는 불의, 거짓, 증오 그리고 폭력에 대한 승리를 의미합니다. 우리는 하느님의 신실하심에 의지할 수 있습니다. 하느님은 악의 권세를 억눌러 끝내 이기시고, 유혹에 빠진 우리를 지키십니다. 하느님의 힘으로 우리는 유혹을 견디고, 악을 이겨 낼 수 있습니다.

성찬례에서 주님의 기도를 바친 후, 부속 기도(Embolismus)가 이어집니다. "주님, 저희를 모든 악에서 구하시고 한평생 평화롭게 하소서. 주님의 자비로 저희를 언제나 죄에서 구원하시고 모든 시련에서 보호하시어 복된 희망을 품고 구세주 예수 그리스도의 재림을 기다리게 하소서." 이 부속 기도가 "우리를 유혹에 빠지지 않게 하소서"라는 기도에 대한 최고의 해설입니다. 하느님은 우리를 유혹에 빠지게 하시는 분이 아닙니다. 하느님은 유혹 많은 세상 안에서 우리를 자비로이 도우시는 분입니다. 당신의 힘으로 악을 이겨 낼 용기를 주시는 분, 확신과 희망을 주시는 분입니다.

깨어 기도하여라

바오로는 로마 신자들에게 보낸 서간에서 다음과 같은 결론을 이끌어 냅니다. 우리 그리스도인들은 예수님의 죽음과 하나 되는 세례를 통하여, 새 생명을 얻는 부활에도 함께 참여하게 되었습니다. 우리는 죄에서는 죽고 그리스도 안에서 하느님을 위하여 살게 되었습니다. 우리는 죄가 우리의 몸을 지배하는 일이 없도록 해야 합니다. 오히려 우리의 지체를 의로움의 무기로 삼아 하느님께 바쳐 드려야 합니다(로마 6,3-14). 그리스도인의 삶을 그리스도의 군사(militia Christi)로서의 삶으로 표현하는 것은 이 단락뿐 아니라, 성경의 곳곳에서, 그리고 교부의 가르침에서도 찾아볼 수 있습니다.

"여러분은 악마의 계교에 맞설 수 있도록 하느님의 무기로 무장하시오. 실상 우리의 싸움은 피와 살을 가진 인간을 상대하는 것이 아니라, 권력과 권세의 악신들, 이 어두운 세계의 지배자들, 천공에 있는 악한 영들을 상대하는 것입니다. 그러므로 여러분은 악한 날에 그것들을 대적하여 모두 눌러 이긴 다음에 의연히 서 있을 수 있도록 하느님의 무기를 잡으시오"(에페 6,11-13).

예수님은 이미 제자들에게 말씀하셨습니다. "유혹에 빠

지지 않도록 깨어 기도하시오"(마태 26,41). 루카 복음사가는 더 강조하여 말합니다. "늘 간구하면서 깨어 지키시오"(루카 21,36). "여러분은 그것을 알고 있습니다. 곧 도둑이 밤 몇 시에 올는지 집주인이 안다면 그는 깨어 있을 것이고 그리하여 도둑이 자기 집을 뚫도록 내버려 두지 않을 것입니다. 그러므로 여러분도 준비하고 있으시오"(마태 24,43-44). 깨어서 기도하라는 요구는 신약성경에 자주 나옵니다. 성경은 잠들어 있는 안이한 그리스도인을 원하지 않습니다. 성경은 세상의 위험을 담대히 바라보는 깨어 있는 신앙인을 원합니다. 그러면서도 열린 마음으로 세상의 아름다움을 기쁨과 감사로 받아들이는 신앙인을 원합니다. 성경은 별다른 희망 없이 좋은 것이 좋다는 식의 순진한 신앙인을 원하지 않습니다. 악마는 잠들지 않습니다. 그러므로 우리도 늘 깨어 있어야 합니다. 악에서 구하길 바라는 기도를 낙심하지 말고 드려야 합니다(에페 6,18; 콜로 4,2; 1테살 5,6; 1베드 4,7; 5,8; 묵시 3,3; 16,15).

오늘날 나타나는 징후를 보면, 우리가 깨어 있으라는 요구를 진지하게 받아들이지 않고, 깨어 있기는커녕 피곤에 지쳐 잠들어 있다는 것을 쉽게 알 수 있습니다. 우리가 잠든 사이 먹구름이 몰려옵니다. 이 세계에 많은 재해가 일어나고 있으며, 세계 곳곳에서 박해받는 그리스도인들이 있다는 것을 우리는 압니다. 특히 서구의 나라에서 그리스도인이 깨어 있지 못하는 징후가 더 분명히 드러납니다. 그런 징후는 우리 안에도 있습니다. 세상에 적응한다는 명분으로, 하느님 나라와 그 의로움을 위해 결단해야 할 자유를 자유방임이라는 세속적인 자유와 혼동하기도 합니다.

우리는 주님의 기도를 바치며, 오늘날 하느님 나라가 언제나처럼 폭행을 당하고 있음을 깨닫도록 기도해야 합니다(마태 11,12). 우리는 기도합니다. 영적 투쟁에서 싸워 이기도록 우리의 연약한 지체를 강하게 하시기를, 우리를 유혹에 빠지지 않게 하시고 악에서 구하시길 기도합니다. 우리가 하는 모든 일과 우리의 삶에서 하느님 나라가 열리기를, 우리가 새로운 도약으로 하느님 나라를 향해 나아갈 수 있기를 기도합니다.

주님께 나라와 권능과 영광이 영원히 있나이다

초대교회는 아주 초기부터 주님의 기도를 성찬례에 받아들였습니다. 2세기에 교회는 주님의 기도 뒤에 구약의 영광송(Doxologie)을 이어 붙였습니다. "주님께 나라와 권능과 영광이 영원히 있나이다"(1역대 29,11; 참조: 『디다케』 8,2). 이 영광송은 주님의 기도에 나온 청원을 찬송의 형태로 요약한 것입니다.

  우리는 하느님 아버지의 선하심을 찬양하며 주님의 기도를 시작합니다. 우리 안에 임하시는 하느님의 이름을 찬양하고, 당신의 나라와 의로움이 임하심을 기뻐합니다. 우리는 주님의 기도를 바치며 각자의 자리에서 나름의 방식으로 하느님의 뜻을 실현하기 위해 노력합니다. 마침내 하나의 보편적인 평화의 왕국에서 모든 것을 모아들이실 하느님의 구원 계획이 언젠가 실현될 것을 우리는 희망합니다. 우리는 지상의 일용할 양식이 필요함을 압니다. 우리를 억누르는 죄도 알고, 우리를 둘러싼 유혹과 악의 존재도 잘 알고 있습니다. 하지만 우리가 이 모든 것을 잘 이겨 낼 수 있다는 것 역시 잘 알고 있습니다. 모든 불의와 죄 그리고 죽음을 이기신 분의 힘으로, 우리에게 보호자이자 위로자이신 성령을 보내 주시는 분의 힘으로, 우리는 이 모든 것을 이겨 낼 수 있습니다. 이에 우리는 주님께 찬미를 드립니다. 영광과 권능이 영원히 주님께 있습니다.

주님의 기도를 묵상하면 할수록 하느님 나라는 온전히 하느님의 뜻과 행위에 달려 있음을 깨닫게 됩니다. 하지만 하느님 나라는 행운의 별똥별처럼 하늘에서 뚝 떨어지지 않습니다. 하느님은 우리의 자유를 진지하게 여기십니다. 우리는 하느님 나라가 오길 기도하며, 하느님의 도움으로 이 세상, 우리의 삶 안에서 하느님 나라가 실현되길 기도해야 합니다. 하느님은 우리를 너무나 사랑하셔서, 우리가 하느님께 불충할 때라도 하느님은 우리의 자유를 허락해 주십니다. 하느님은 당신의 권능으로 우리를 죽음에 빠트릴 수도, 우리를 허무한 무無로 빠져들게도 하실 수 있습니다. 하지만 그리하면 하느님이 우리를 창조하시고 우리를 당신과 친교를 나누도록 부르시는 그 사랑을 저버리는 것이 됩니다. 당신의 신실한 사랑으로 하느님은 우리가 유혹에 빠지지 않도록 우리를 이끌어 주시고 붙들어 주십니다. 하느님은 예수 그리스도 안에서 당신을 낮추시고, 인간의 비참함을 받아들이셨습니다. 정교회 신학자 파벨 니콜라예비치 에브도키모프는 어리석게 보일 정도로 큰 하느님 사랑, 말하자면 '미친 사랑'이라 표현할 수 있는 그런 하느님의 사랑을 말합니다. 하느님은 우리를 미친 듯이 사랑하십니다. 하느님은 시련 속으로 스스로 들어오시어, 십자가에서 그 시련을 이겨 내셨습니다. 가장 짙은 어둠을 뚫고 부활의 빛이 밝아 옵니다. 생명의 나라, 정의의 나라, 진리와 사랑의 나라, 즉 하느님의 나라가 시작됩니다.

주님의 기도는 하느님과 인간이 자유로이 이루어 가는 협업을 드러냅니다. 물론 하느님과 인간은 같은 위치의 협력자가 아닙니다. 하느님의 자유는 우리의 자유가 서 있는 토대가 됩니다. 하느님의 자유는 매 순간 우리의 자유를 떠받치고 있습니다. 하느님의 자유가 없다면, 우리 인간의 자유는 아무것도 아닐 것입니다. 하느님은 당신의 자유 안에서 인간의 자유도 보존되길 원하셨습니다. 인간이 감히 하느님과 맞서려 할 때도 말이지요. 성경도 그렇지만 주님의 기도도 하느님의 자유와 인간의 자유 사이의 관계를 설명하는 데는 관심이 없습니다. 이 문제에 사변적으로 접근하면, 우리는 이 문제를 풀 수 없습니다. 하느님의 자유와 인간 자유의 관계를 명확히 알려면, 우리는 제삼자의 관점에서, 즉 외부에서 바라보는 관점으로 접근해야 하기 때문입니다. 우리는 우리에서 벗어나서, 신과 인간 모두를 아우르는 입장에 서야 하겠지요. 하지만 그렇게 하는 것은 불가능합니다. 불가능할 뿐 아니라, 인간이 저지르는 최악의 오만이기도 하겠지요. 우리는 하느님의 자유와 인간의 자유 사이의 관계를 그저 찬송할 수밖에 없습니다. 당신 자신을 비우시는 사랑 안에서 더 크게 드러나는 전능하신 하느님 영광, 그 신비를 찬송하며 경배할 뿐입니다.

이는 그리스도인들에게 어두운 신비가 아니라, 밝은 신비입니다. 우리가 우리의 자유를 잘못 사용하여 길을 잃고 죄의 숲과 가시덤불에 걸렸을 때도, 하느님은 우리를 극진히 사랑하셔서 몸소 그 가시덤불로 뛰어드시고 스스로 상처 입으셨습니다. 그렇게 하느님은 우리와 가까이 계시길 원하셨습니다. 가시덤불에서 나올 길을 마련해 주시어, 다시 우리를 참된 자유로 초대하셨습니다. 우리의 죄는 복된 죄, 복된 탓이 되었습니다. "오, 복된 탓이여! 너로써 위대한 구세주를 얻게 되었도다"(부활 찬송). 하느님은 모든 것을 초월하는 사랑 안에서, 자신을 내어놓고 자신을 비우는 사랑 안에서 당신의 권능과 영광을 드러내 보이셨습니다.

주님의 기도 마지막에 이어지는 종결부 찬송에서 승리에 대한 확신이 드러납니다. "주님께 나라와 권능과 영광이 영원히 있나이다." 이 기도는 교향곡의 종결부처럼 승리의 기쁨을 드러내는 종결부로 끝이 납니다. 지상의 삶에 필요한 것을 간청한 후에, 기도는 다시 주님의 기도의 첫 부분으로 돌아갑니다. 기도의 첫 부분에서 우리는 하느님의 이름이 거룩히 빛나시길, 그리고 하느님의 나라가 오시길 기도했습니다. 하느님의 나라는 하느님의 뜻이 완전히 이뤄지고, 하느님이 모든 것 안에 계실 때 완성될 것입니다. 세상의 모든 것은 사라지더라도, 하느님의 나라는 영원할 것입니다. 이를 믿는 이는 쓰러지지 않고 결코 부끄러움을 당하지 않을 것입니다. 이러한 희망을 안고 우리는 주님의 기도를 바칩니다. '예'라고 응답하고, '아멘'이라고 대답합니다. "예, 그렇습니다. 그대로 되기를 바랍니다. 아멘!"

역자 후기

이 책은 평생 다양한 신학 주제를 연구한 발터 카스퍼 추기경이 2019년에 내놓은 주님의 기도 묵상집입니다. 복잡한 신학 논쟁이 아니라, 우리가 매일 익숙하게 바치는 주님의 기도에 관해 자신의 이야기를 풀어놓습니다. 학자는 연륜이 깊을수록 복잡하고 현란한 주제가 아니라 단순하지만 깊이가 있는 주제를 다루는구나, 발터 카스퍼의 글을 읽으면서도 생각하게 되었습니다. 저자는 서문에서, 이 책을 단숨에 읽는 것보다 개인 묵상이나 피정을 할 때 조금씩 천천히 읽는 것이 좋겠다고 말합니다. 제 생각도 같습니다. 익숙한 주님의 기도를 새롭게 보려면, 짧은 책이지만 긴 호흡으로 읽는 것이 좋겠습니다.

    신자들이 모인 자리에서 한 사람이 '하늘에 계신 우리

아버지'라는 기도의 첫 구절만 말해도, 모인 사람들은 '아버지의 이름이 거룩히 빛나시며'라고 자연스레 기도를 이어 바칩니다. 함께 주님의 기도를 바치는 데 삼십 초가 채 걸리지 않습니다. 주님의 기도는 자주, 그리고 쉽게 바치는 기도입니다. 하지만 결코 쉽고 만만한 기도가 아닙니다.

주님의 기도는 주님이 가르쳐 주신 기도입니다. 이것만으로도 큰 의미가 있지만, 문장 하나하나, 단어 하나하나를 곱씹으면 이 기도가 얼마나 큰 기도인지 알게 됩니다. 허투루 바칠 수 있는 기도가 아님을 깨닫게 됩니다. '하늘'이라는 단어를 곱씹으면 마음속에 '하늘'이 열리고, '땅'이라는 단어를 곱씹으면 마음속에 '땅'이 펼쳐집니다. 우리는 온 하늘과 땅에 아버지의 이름이 거룩히 빛나시길 기도하며, 아버지의 뜻이 이루어지는 새 하늘 새 땅을 꿈꿉니다. 주님의 기도는 우선 하느님의 뜻이 이루어지길 바라는 기도이지만, 인간이 바라는 구체적인 요구도 담고 있습니다. 기도에서 우리는 일용할 양식을 주시길 기도합니다. 인간의 삶에 무엇이 필요한지, 주님의 기도는 잘 알고 있습니다. 이어서 우리는 하느님께 용서를 청합니다. 하느님이 우리를 용서하시길 바라며, 우리 역시 누군가를 용서하는 사람이길 기도합니다. 죄와 유혹이 많은 이 세상에서 우리가 쓰러지지 않기를, 하느

역자 후기

님이 우리를 이 세상의 악에서 구하시길 기도합니다.

   이 짧은 기도 안에 하늘과 땅이 만나고, 하느님의 뜻과 인간의 마음이 함께 어우러집니다. 이 기도 안에서 위로를 찾았던 사람들의 마음을 상상해 봅니다. 참으로 많은 이가 이 기도 안에서 자신의 지친 마음을 달랬을 겁니다. 예수님이 가르치신 이 기도에 많은 신자들의 마음이 켜켜이 쌓여, 더 뜻깊은 기도가 되었습니다. 우리의 지친 마음도 이 기도 위에 살포시 얹어 봅니다. 이천 년의 시간 동안 수많은 이에게 용기와 위로를 주었던 이 기도가 오늘날 우리에게도 같은 용기와 위로를 주기를 기도합니다.

2023년 성령 강림 대축일
허찬욱